数字赋能老龄事业高质量发展研究

SHUZI FUNENG LAOLING SHIYE
GAO ZHILIANG FAZHAN YANJIU

彭荣　著

·广州·

版权所有　翻印必究

图书在版编目（CIP）数据

数字赋能老龄事业高质量发展研究/彭荣著. 广州：中山大学出版社，2024.10. -- ISBN 978-7-306-08175-9

Ⅰ. D669.6-39

中国国家版本馆 CIP 数据核字第 2024ZA8427 号

出　版　人：	王天琪
策划编辑：	金继伟
责任编辑：	杨文泉
封面设计：	曾　斌
责任校对：	林　峥
责任技编：	靳晓虹
出版发行：	中山大学出版社
电　　话：	编辑部 020 - 84110283，84113349，84111997，84110779
	发行部 020 - 84111998，84111981，84111160
地　　址：	广州市新港西路 135 号
邮　　编：	510275　　传　真：020 - 84036565
网　　址：	http://www.zsup.com.cn　E-mail: zdcbs@mail.sysu.edu.cn
印　刷　者：	广州市友盛彩印有限公司
规　　格：	787mm×1092mm　1/16　11 印张　228 千字
版次印次：	2024 年 10 月第 1 版　2024 年 10 月第 1 次印刷
定　　价：	68.00 元

如发现本书因印装质量影响阅读，请与出版社发行部联系调换

前言

推动老龄事业高质量发展是应对人口老龄化的重要举措,是顺应新时代高质量发展的现实要求。党的二十大报告在"增进民生福祉,提高人民生活品质"篇章中明确提出:"实施积极应对人口老龄化国家战略,发展养老事业和养老产业。"国务院《"十四五"国家老龄事业发展和养老服务体系规划》明确指出,要大力推动老龄事业和产业有效协同、高质量发展。与此同时,数字经济时代的到来,为老龄事业高质量发展带来了新的机遇。在老龄化和数字化交互叠加背景下,探寻数字化对老龄化社会经济运行的积极作用,探索数字赋能老龄事业高质量发展的路径,推动二者之间实现良性联动发展,对于促进老龄事业高质量发展具有重要意义。

本书试图针对数字如何赋能老龄事业高质量发展这一论题进行相对系统的研究,主要的贡献在于,提出老龄事业高质量发展的内涵和测度指标体系,阐述数字赋能老龄事业高质量发展的理论机制并进行实证研究。本书还探讨了数字赋能老龄事业高质量发展的应用场景,以及实现老龄事业和产业协同发展的路径。具体内容包括七章。第一章是导论,主要阐述数字时代背景下老龄事业转向高质量发展的意义。第二、第三章是我国老龄事业现状分析及其高质量发展统计测度的理论基础,着重分析我国老龄事业的发展现状,并根据高质量发展理论阐述老龄事业高质量发展的内涵,进而构建老龄事业高质量发展评价指标体系。第四、第五章是实证研究,利用构建的老龄事业高质量发展评价指标体系和收集的翔实数据,测度我国老龄事业高质量发展水平;构建空间计量模型,分析我国老龄事业高质量发展的演化格局及驱动因素,重点实证数字经济对老龄事业高质量发展的影响。第六章是应用场景案例分析，主要通过研究数字技术融入老龄事业发展的应用场景，分析智慧养老平台在家庭养老床位建设的应用。第七章是老龄事业与产业协同发展路径实现探索及政策建议。构建老龄事业和产业协同发展体系，分析实现协同发展的路径，探讨推动我国老龄事业高质量发展的政策建议。

在本书的写作过程中，广东财经大学硕士研究生黄健航和黄明山参与了部分章节的数据分析工作，硕士研究生邹冰典和黄苑晴、贾怡兵参与了资料整理工作。中山大学出版社的编校人员在本书的审校过程中付出了大量的时间和精力，在此对他们表示衷心的感谢！

本书的出版得到了以下基金项目的支持：国家自然科学基金项目"医养整合下老年照护资源配置优化：基于 SD – ABM 混合模型的研究"（72074055）、广东省普通高校创新团队项目"数字经济高质量发展研究团队"（2020WCXTD014）和广东省普通高校创新强校工程重点项目"人工智能和扩大开放背景下推动老龄事业和产业高质量发展研究"（2018WZDXM004）。由于时间和能力水平所限，书中难免会出现错误，敬请广大读者批评指正！

目 录

第一章 导论 1
    第一节 研究背景与研究意义 1
    第二节 国内外研究进展 5
    第三节 研究框架和主要内容 12

第二章 我国老龄事业发展现状分析 14
    第一节 老龄政策发展现状分析 14
    第二节 养老服务发展现状分析 18
    第三节 老龄社会保障现状分析 26
    第四节 老龄社会支持现状分析 29

第三章 老龄事业高质量发展统计测度的理论基础 33
    第一节 高质量发展的概念和内涵 33
    第二节 高质量发展的思想理论 34
    第三节 高质量发展的衡量与评价维度 38
    第四节 老龄事业高质量发展的定义和内涵 43
    第五节 老龄事业高质量发展测度指标体系构建 45

第四章 我国老龄事业高质量发展空间格局与驱动因素研究 48
    第一节 老龄事业高质量发展的动力来源 48

第二节　理论分析与研究假设 …………………………………… 50
　　第三节　数据来源与模型构建 …………………………………… 51
　　第四节　老龄事业高质量发展的空间格局分析 ………………… 55
　　第五节　老龄事业高质量发展的驱动因素分析 ………………… 60

第五章　数字经济影响我国老龄事业高质量发展研究 ………… 67
　　第一节　数字经济的内涵与测度指标体系 ……………………… 67
　　第二节　理论分析与研究假设 …………………………………… 70
　　第三节　数字经济发展水平测算与空间格局分析 ……………… 74
　　第四节　数字经济影响老龄事业高质量发展的实证研究 ……… 79
　　第五节　数字经济赋能老龄事业高质量发展的政策建议 ……… 95

第六章　数字赋能我国老龄事业高质量发展的场景
　　　　　和应用研究 …………………………………………………… 97
　　第一节　数字基建的应用场景 …………………………………… 97
　　第二节　数字技术融入老龄事业发展的应用场景 ……………… 98
　　第三节　基于大数据的智慧养老平台 …………………………… 105
　　第四节　智慧养老平台在家庭养老床位建设中的应用 ………… 113

第七章　数字化背景下我国老龄事业与产业协同发展研究 … 128
　　第一节　老龄事业发展存在的问题 ……………………………… 128
　　第二节　老龄产业发展现状与问题分析 ………………………… 130
　　第三节　老龄事业和产业协同发展的理论机制 ………………… 142
　　第四节　数字化背景下老龄事业和产业协同发展的路径 ……… 149

参考文献 ………………………………………………………………………… 156

第一章 导论

在老龄化和数字化交互叠加背景下,我国老龄事业的发展模式急需向高质量发展模式转变。数字化对老龄化社会经济运行发挥积极作用,数字化和老龄化的良性联动发展将有助于老龄事业实现高质量发展。本章主要介绍我国老龄事业高质量发展及研究背景,对国内外相关研究进展进行评述,阐述研究的意义和价值,提出研究框架和主要研究内容。

第一节 研究背景与研究意义

一、研究背景

(一) 推动老龄事业高质量发展是应对人口老龄化的重要举措

我国已进入人口老龄化快速发展的新阶段。根据第七次全国人口普查数据,2020年我国60岁以上老年人口比重达到18.70%,比2010年第六次人口普查上升了5.44个百分点。"十四五"时期,我国60岁及以上老年人口将突破3亿,占总人口的比重将超过20%,进入比较典型的老龄社会(李志宏,2020)。未来,随着我国人口老龄化程度不断加深,老年抚养比将进一步上升,给养老人力和资本供应带来巨大的压力。人口老龄化问题已经成为影响我国经济社会发展的全局性、战略性问题。当前,从中央政府到地方政府均意识到了养老问题的紧迫性,初步形成了政府主导、社会参与、全民关怀的发展老龄事业的工作格局。党的十九大报告提出"积极应对人口老龄化,构建养老、孝老、敬老政策体系和社会环境,推进医养结合,智慧健康养老,加快老龄事业和产业发展"的决策部署。党的二十大报告在"增进民生福祉，提高人民生活品质"篇章中明确提出："实施积极应对人口老龄化国家战略，发展养老事业和养老产业，优化孤寡老人服务，推动实现全体老年人享有基本养老服务。"国务院《"十四五"国家老龄事业发展和养老服务体系规划》指出，"十四五"时期，要大力推动老龄事业和产业有效协同、高质量发展。国家政策在明确养老服务业发展方向、加强和完善支付体系建设、医养结合的具体措施、养老服务行业标准、智慧养老等各种养老服务试点和多产业融合发展方面，均出台了重量级的政策。可以说，推动老龄事业高质量发展已经成为我国应对人口老龄化的重要举措。

（二）新时代背景下老龄事业急需转向高质量发展

推动老龄事业向高质量发展模式转变，既是应对人口老龄化的重要举措，也是顺应新时代背景下我国全面实现高质量发展的具体要求。高质量发展是2017年党的十九大报告首次提出的新表述，表明我国经济由高速增长阶段转向高质量发展阶段。中国特色社会主义进入新时代，社会主要矛盾已经转化为人民日益增长的美好生活需要和不平衡不充分的发展之间的矛盾。物质数量的增长对人民幸福感的提升作用大幅下降，需要通过提升产品质量、提供高级服务、优化生活生态环境等方式来加强人民的幸福感。高质量发展不仅要满足人民的物质文化需要，还要满足人民的美好生活需要。尽管我国政府高度重视并切实做好老龄工作，积极发展老龄事业，但是，我国老龄事业仍然存在普惠性、公平性不够，发展不平衡、质量不高等问题。现有养老服务供给模式滞后于经济发展，老年人对美好生活的需要与老龄事业发展的不平衡不充分之间矛盾突出，养老服务体系难以满足老年人多层次的需要（吴玉韶，2022）。老年人经济供养、医疗保健、生活照料、失能护理等保障和服务还有待完善（杨晓奇，2021）。老龄问题整体上呈现由个体、家庭问题向群体、社会问题转变，由相对单一的社会领域问题向经济、政治、社会、文化等多领域问题转变的态势（李志宏，2020）。可以说，老龄事业急需向高质量发展模式转变，以适应新时代高质量发展要求。

（三）数字经济成为推动经济社会发展的新动能

当前，数字经济已成为世界各国经济增长速度最快的部分，在推动质量变革与新旧动能转化方面发挥着重要作用。习近平总书记在2021年中共中央政治局第三十四次集体学习时指出，发展数字经济是把握新一轮科技革命和产业变革新机遇的战略选择。2022年，党的二十大报告指出，要加快建设数字中国，大力推动高质量发展，建成现代化经济体系。在从工业时代转型为数字经济时代的过程中，数据作为新的生产要素，为生产力的发展提供新动能，进而促使社会生产关系发生深远变化。随着我国数字化转型步伐的不断加快，数字经济逐渐融入经济社会的各个领域，融合的广度和深度引发了社会和经济的深刻变革。数字经济已经成为影响我国经济发展的一股强大的力量。根据《数字中国发展报告（2022年）》，截至2022年，我国数字经济规模达到了50.2万亿元，占全国GDP总量的41.5%。数字经济俨然成为我国经济增长的重要组成部分，这也标志着我国经济增长模式由传统的出口导向型换挡至创新驱动型的转型步入新阶段。

（四）数字经济时代为老龄事业高质量发展带来新机遇

随着数字经济、数字技术的快速发展和应用，基于传统发展方式的老龄事业所面临的挑战和机遇尤为突出。老年人对社会保障和美好生活的需要不断升级，老龄事业急需更好地适应数字经济发展并实现自我变革，从而有效满足老年人的需求。在数字经济背景下，经济合作与发展组织（OECD）于2005年提出《在数字经济中推进积极老龄化》（*Promoting Active Ageing in the Digital Economy*），认为"只要数字经济应用得当，就可以让全世界的老年人保持独立、活跃，并工作更长的时间"[①]。在我国老龄事业发展规划中，多次提出基于大数据、物联网和人工智能的智慧养老方案。2012年，全国老龄协会率先提出"智能化养老"理念。2017年，工业和信息化部等三部委联合发布《智慧健康养老产业发展行动计划（2017—2020年）》，拟打造100个示范基地100家领军企业，推广智慧养老服务；实施"互联网+养老"行动和开展智慧养老试点示范区，推动数字技术应用于养老模式的发展。在政策推动下，一些养老企业率先布局，运用互联网、物联网、大数据等信息技术手段，创新健康养老服务模式，智慧养老也开始进入发力阶段。2021年，工业和信息化部、民政部、国家卫生健康委共同制定了《智慧健康养老产业发展行动计划（2021—2025年）》，就推动解决老年人在运用智能技术方面遇到的困难，提出重点面向家庭养老床位、智慧助老餐厅、智慧养老院，打造智慧化解决方案。一方面推动智慧健康养老新技术的研发，发展适用于健康管理的智能化、微型化、高灵敏度生物传感技术；另一方面做强智慧健康养老软件系统平台，加快建设统一权威、互联

---

① http://www.eeo.com.cn/2021/0513/487944.shtml。

互通的全民健康信息平台，实现对健康数据的有效归集与管理，促进我国智慧养老产业的进一步发展。随着我国智慧养老体系逐渐趋于成熟，先进科技设备的利用和完善以及网络统筹，弥补了人力养老服务资源的不足，智慧养老服务创造了养老服务模式颠覆性创新发展的重要契机，不仅满足了老年人和现代家庭的需求，提高了老年人晚年的生活质量，为老年人打造了富有创新性、现代化、科学性、人文化的养老生活，同时也为老龄事业发展带来了新机遇和新挑战（李志宏，2020）。

二、研究意义

（一）理论价值

基于人口老龄化对我国老龄事业发展的挑战，当前我国老龄事业发展存在的问题，以及新时代高质量发展对老龄事业提出的新目标、新要求等背景，本研究提出我国老龄事业高质量发展的概念并阐释其内涵，有助于深化对我国老龄事业高质量发展的认识。基于我国老龄事业高质量发展的内涵，本研究进一步提出老龄事业高质量发展统计测度指标体系，为测度老龄事业高质量发展水平提供理论依据。同时，推动老龄事业高质量发展，必须使其与老龄产业协调发展。本研究构建的老龄事业和产业协调发展体系，有助于厘清促进老龄事业和老龄产业协调发展的路径。最后，探索数字赋能老龄事业高质量发展的路径机制，有助于落实党的十九大报告提出的高质量发展要求，部署老龄事业发展战略，实现老龄事业平衡充分发展，满足老年人对晚年美好生活的需求。

（二）实践意义

推动老龄事业高质量发展，急需加强老龄事业高质量发展研究，研究成果可以为破解制约老龄事业发展的体制机制提供实证依据。本研究通过收集翔实的统计数据构建老龄事业高质量发展评价指标体系，对我国老龄事业高质量发展水平进行测评。其评价结果对于发现我国老龄事业高质量发展格局和发展优势，识别发展短板及问题，以及探索改革方案具有参考价值和实践价值；同时，通过探索数字赋能老龄事业高质量发展的路径机制，研究老龄事业高质量发展的影响因素，为推动老龄事业高质量发展提供政策建议。

第二节 国内外研究进展

一、老龄事业的概念研究

联合国第37/51号关于老龄问题的决议指出,要"尽可能地让老年人在家庭和社会中享受到成就、健康、安定和满足的生活"①。虽然"老龄事业"已经作为所有与老年人有关的事物与工作的统称,经常在政府文件中出现,但是学术界对这一专有名词的概念至今没有做出明确的界定,而只是作为一个约定俗成的用语使用(薛蓁,2014)。2006年发布的《中国老龄事业的发展》白皮书对老龄事业做了详细的说明,认为老龄事业是国家为实现老有所养、老有所医、老有所教、老有所学、老有所为、老有所乐的目标而实行的一系列政策措施,是依靠政府力量为老年人提供的基本公共服务。从服务内容方面来说,老龄事业涉及解决老龄问题的管理和服务工作、老年人的整体福利水平、老年人的物质文化需要、生活保障提供等。

现有文献中具有代表性的关于老龄事业的概念界定,主要从是什么、服务内容、服务对象、提供者、归属、营利性等多个维度进行阐释。杜鹏等(2009)认为,老龄事业是社会主义事业的重要组成部分,是提高老年人整体福利水平的社会活动和社会服务的总称。邓伟志(2009)认为,老龄事业是旨在提高老年人生活生命质量的事业,提高老年人的生活质量,就是使老人幸福或更幸福;提高老年人的生命质量,就是使老年人实现人生价值,对社会有可持续贡献。陈泽鹏(2018)认为,老龄事业是政府为老年群体提供与生活保障相关的各种制度、设施、物品、服务等老龄产品的一系列具体工作计划、目标和任务,本质上属于社会公共管理的政府行为活动。对于老龄事业的提供者的界定,绝大部分学者认为政府是老龄事业的提供者,还有一些学者把提供者界定为国家机关和其他社会组织。在老龄事业的归属和营利性问题上,邬沧萍(2012)认为老龄事业是提高老年人整体福利水平的社会活动和社会服务的总称,是社会事业的重要组成部分。陈泽鹏(2018)认为老龄事业在本质上属于社会公共管理的政府行为活动。大多数学者将老龄事业归属为社会事业、公共服务事业或社会公共管理(顾国爱等,2011;范中原、王松岭,2012;殷俊、

---

① http://www.un.org/zh/conferences/ageing/vienna1982.

杨政怡，2015；乌丹星，2015；陈泽鹏，2018）。对于老龄事业是否应该营利的问题，田香兰（2010）认为养老事业具有"非营利性"。在发展战略维度，国家应对人口老龄化战略研究老龄事业发展指标体系研究课题组（2014）和杜鹏等（2009）均指出，发展老龄事业的目标是解决老龄问题，或者是为了应对人口老龄化所产生或将要产生的经济社会问题。

二、老龄事业和老龄产业的关系研究

学术界对于老龄事业和老龄产业关系的讨论，主要包括两个角度：基于概念内涵和外延上的关系讨论、基于现实意义的关系讨论。在概念内涵和外延上，学者们主要对老龄事业与老龄产业的内涵、服务对象、服务内容以及营利性等几个方面进行讨论，认为老龄事业与老龄产业既相互联系又相互区别（郑志刚、陆杰华，2017）。老龄事业与老龄产业都以老年群体为服务对象，为老年群体提供商品或服务，发展目标均是为了满足人们老年时期的各种需求。老龄事业是公共管理的政府行为活动，老龄产业是经济单位的市场交易活动。老龄事业对应的是公共资源在养老上的配置，老龄产业对应的则是社会资源对养老的配置。两者之间既有共性，也有不同。老龄产业属于老龄事业的范畴，随着老龄事业逐步脱离政府包办，有越来越多的社会资金投入老龄事业并以企业化经营为特征，老龄事业就转变为老龄产业。由此可见，老龄产业是老龄事业适应市场经济的表现形式。当老龄事业中的某些部分逐步面向市场放开，由市场调节完成时，便转化成老龄产业；当老龄产业中的某些部分无法通过市场选择来完成，需要政府调控与指导时，就逐步转化为老龄事业（殷俊、杨政怡，2015）。

在讨论两者的现实意义时，学术界普遍认为老龄事业和老龄产业的发展应是交融与分离相结合的，老龄产业服务于老龄事业的发展，老龄事业推动老龄产业前进，二者相互协调发展（陈泽鹏，2018）。老龄产业供给侧改革要针对不同的老龄产业供给主体，制定切实可行的经营法则、监督和激励机制，使各层面的老龄产业实现良性循环，更好地服务于老龄事业（李燕、伍梦，2018）。推进老龄产业健康发展是破解未富先老的必然选择；老龄产业和老龄事业双轮驱动，以及社会意识的转变是应对老龄社会的国家战略；老龄产业和老龄事业竞相发展，相辅相成，才能满足老龄社会的多样化需求（牛凤瑞，2014）。我国已为老龄事业的发展夯实了基础，同时老龄产业也具有良好发展前景，应推动老龄事业和老龄产业相互取长补短、优势发展，进而有效应对人口老龄化问题。具体措施有：一是培育强大国内市场的积极作用，将人口老龄化势能转化为经济发展的持续动能；二是持续推进老龄事业改革发展，制定基本养老服务制度，加强农村等困难地区养老服务体系建设；三是发挥养老企业对扩大养老服务供给的推动作用；四是发挥科技创新对老龄社会供需双方的支撑作用（李璐等，2020）。

三、老龄事业发展评价研究

通过搜索相关文献，发现学术界有不少学者围绕我国老龄事业发展现状和趋势、与老龄产业的关系、创新养老模式、促进老龄事业发展的对策等进行了深入研究。这些研究多从经济学、管理学、人口学、统计学等多学科视角着手，对老龄事业发展进行定性分析和定量研究。

定性研究方面，陈旭峰和钱民辉（2011）从老年人养老事业研究、老年人医疗保健事业研究、老年人教育事业研究、老年人社会参与事业研究、老年人文化体育事业研究五个方面，对近年来学者们关于我国老龄事业发展的研究进行了梳理，指出了当前研究中存在的不足之处，并从研究的重点难点及需要创新之处等几个方面对今后的中国老龄事业发展研究进行了展望。殷俊（2015）认为我国老龄事业发展越来越强调老年福利，然而伴随着物价水平的提高和医疗费用的增长，有很多老年人的基本生活需要尚未得到满足，难以享受这些福利。

发展现状和趋势研究方面，有学者通过构建统计模型对老龄事业发展进行综合评价，对老龄事业发展的经济效应进行分析。范中原、王松岭（2012）利用因子分析方法将16个老龄事业发展评价指标归结为老年经济和医疗保障、老年社会参与、老年活动场所和维权、养老服务机构四个主要公共因子，测算我国31个省、自治区、直辖市老龄事业在这四个方面的得分水平。结果显示，我国各省、自治区、直辖市老龄事业的发展不仅在综合发展水平上存在显著差异，而且在老龄事业发展的各个方面也存在显著差异。顾国爱等（2011）通过建立联立方程系统，分析我国老龄事业发展带来的经济效应，结果表明我国老龄事业发展对农村消费、民间投资以及产业协同发展的影响不显著。任兰兰（2017）通过构建老龄事业发展指标体系，包括健康指数、参与指数、生活质量指数和保障指数四个方面，对2004—2014年我国31个省（自治区、直辖市）老龄事业发展水平进行测算，结果表明我国老龄事业发展水平呈上升趋势。曾通刚、赵媛（2019）从健康、参与和保障三大维度构建老龄事业发展水平评价指标体系，以我国31个省（自治区、直辖市）为研究对象，运用数理统计、重心和空间重叠性、空间错位分析和计量经济模型等方法，分析2004—2016年我国老龄事业发展水平的时序变化、空间格局、错位特征及其影响机制。

对策研究方面，学者们围绕制约老龄事业发展的政策性因素、经济性因素、社会性因素等进行研究，提出实行供给侧改革（李芳，2018）、全面开放市场（王梅、李清晨，2018）、智慧养老（睢党臣、曹献雨，2019；金心宇等，2018）、医养保结合（郝丽、张伟健，2017）、物联网+大数据养老（屈芳和郭骅，2017；荆爱珍等，2016）等新型养老模式。政策性因素的制约性主要体现在政府对于制定促进老龄事业发展配套政策的顶层设计重视不够；经济性因素的制约性主要体现在财政投入不足；社会性因素的制约性主要体现在养老机构床位不足、机构养老服务质量参差不齐、社区养老从业人员素质偏低、专业的优质医疗服务资源匮乏（方俊，2016），可以借鉴发达国家成功发展老龄产业的经验，采取"政府引导，市场化运作"的发展模式（刘玲，2017）。

四、数字经济的测度研究

"数字经济"这一概念最初由 Don Tapscott 在《数字经济：网络智能时代的前景和风险》一书中提出。Don Tapscott 认为，相较于传统经济中信息流的实体形式，数字经济是一种以数字方式呈递信息的新经济。在此之后，数字经济的定义不断被扩充与发展。经济合作与发展组织（OECD）将数字经济定义为与信息通信技术相关的经济活动（OECD，2014）；G20 峰会则对数字经济进行了全球范围内的描述，数字经济是以数字化知识与信息作为关键生产要素，以现代化信息网络为重要载体，以信息通信技术的有效使用为推动力的经济活动（G20，2016）；国际货币基金组织（IMF）认为，狭义上的数字经济是指数字平台及其相关的一系列数字交易活动，而广义上的数字经济则是所有的数字化活动（IMF，2018）；中国国家统计局在《数字经济及其核心产业统计分类 (2021)》中将数字经济界定为以数据资源作为关键生产要素，以现代信息网络作为重要载体，以信息通信技术的有效使用作为效率提升和经济结构优化的重要推动力的一系列经济活动。从"数字产业化"和"产业数字化"两个方面，确定了数字经济的基本范围，将其分为数字产品制造业、数字产品服务业、数字技术应用业、数字要素驱动业和数字化效率提升业五大类。

如何准确地去界定与测算数字经济成为当下研究的难点与热点，国内外相关权威机构给出了一定的参考。1999 年，美国商务部发布报告 *The Emerging Digital Economy*，报告认为数字经济理应包含互联网、电子商务、数字化交易与商品零售四个部分（Margherio，1999）。2001 年，美国人口普查局指出，数字经济主要由电子商务设施、电子商务活动与电子商务交易三大部分组成，其具体测算同样由此三部分组成（Mesenbourg，2001）。2010 年，经济学家智库强调，数字经济的基础不仅包含数字经济的基础设施，其衡量标准还包括商业环境、社会和文化环境、法律环境、政府政策与消费者和企业的适应性（Economist Intelligence Unit，2010）。同年，中国国家信息中心发布的《中国信息社会发展报告2010》指出，信息社会发展水平测算包括数字生活、在线政府、网络社会和信息经济四个方面。2013年，澳大利亚宽带与数字经济部门和欧盟委员会就数字经济的核算给出了参考，数字经济的发展水平测算实际上是数字技术支持下的互联网经济的测算，包含数字技术与电子商务两部分（DBCDE，2013；European Commission，2013）。2018年，中国信息通信研究院发布《中国数字经济发展白皮书（2017）》，该报告指出，数字经济指数（digital economy index，DEI）包含滞后指数、一致指数和先行指数，这三个指数综合反映了数字经济的发展状况。同年，美国经济分析局（Bureau of Economic Analysis）发布了报告《定义与测度数字经济》，认为数字经济的基本结构是由数字化的基础设施、数字媒体和电子商务组成（Barefoot等，2018）。2022年，欧盟委员会从数字技能、数字连接性、数字技术整合度与数字化公共服务四个方面对欧盟各国数字经济发展水平进行了相对全面的测算（European Commission，2022）。

在数字经济的测算的发展过程中，相关领域的学者也给出了自己的看法。国外部分学者认为，数字经济从范围上应包括信息技术、通信技术、行业本身、商品和服务的数字传输以及数字支持的零售（Kling和Lamb，1999；Moulton，2000）；Turcan等（2014）认为数字经济的关键资源是数字信息，它是数字经济区别于传统经济的根本所在，为开发新产品提供了巨大的机遇；Zemtsov和Kotsemir（2019）构建了数字经济发展水平的综合指标体系，研究数字经济的"智能经济"风险，包含经济结构、经济发展、自主创业、人力资本、生活质量、技术创新和信息与通信技术七个维度；Bakumenko和Minina（2020）从通信技术、数字技能、互联网使用、商业技术集成与数字化公共服务五个维度综合考察了欧盟28个国家的数字经济发展水平。国内学者们认为，通过不同角度和维度来衡量数字经济发展水平是数字经济测度研究的重要方向（张雪玲、焦月霞，2017）。徐清源等（2018）通过回顾数字经济的理论体系和测度方法的相关研究，对比评述了国际和国内数字经济测度指标体系的优缺点以及参考价值，同时基于对比的视角，给出了构建测度中国数字经济发展水平指标体系的思路参考；刘军等（2020）从信息化发展、互联网发展和数字交易发展三个维度构建中国数字经济评价指标体系，测度了中国31个省区市的数字经济发展水平；张腾等（2021）从数字技术的覆盖广度、使用深度和支持服务程度入手，测量了中国省区市层面上的数字经济发展水平；陈梦根和张鑫（2022）采用编制投入产出序列表的方法，获取数字经济的中间投入、增加值和产出等数据，测度了我国数字经济的发展水平；魏丽莉和侯宇琦（2022）根据中国信通院所构建的数字经济发展水平测度体系，从数字产业化、产业数字化、数字化治理及数据价值化四个维度出发，测度了中国城市的数字经济发展水平；唐要家等（2022）根据数据要素开发利用、以互联网为核心的现代信息通信技术、数字产业化发展三个数字经济特征，将宏观层面上的数字经济发展水平与微观层面上的企业数据结合起来，构建了数字经济发展水平的测算体系。

五、数字经济赋能高质量发展研究

《数字中国发展报告（2022年）》数据显示，截至2022年，中国数字经济规模达到了50.2万亿元，总量稳居世界第二，同比名义增长10.3%，占国内生产总值比重提升至41.5%。数字经济俨然成为经济高质量增长的重要驱动力（赵涛等，2020），现有研究主要从微观和宏观两个层面构建理论框架，分析数字经济对高质量发展的直接及间接作用。

在微观层面上，数字技术的广泛应用为企业生产带来了巨大的革新，推动了企业的高质量发展。一方面，数字技术的广泛应用推动企业生产管理数字化，使得企业能够对自身的生产数据进行深入挖掘，优化生产工艺，提高自身的生产效率，实现精细化生产（Saunders and Brynjolfsson，2009）；同时，数字技术的应用还使得企业能及时获取市场需求信息，并以此对生产规模进行适当调整，从而更好地去匹配市场需求，避免企业存量投资过剩的问题。另一方面，数字经济强化了企业间的生产技术交流，加快了企业技术的革新速度，从而为企业的高质量发展赋能（唐要家等，2022；黄勃等，2023）。此外，数字经济还可通过产业关联效应、效率促进效应与技术吸收能力提升效应来拉动企业产品质量的提高，充分增强企业的创新能力，推动企业的高质量发展。不仅如此，数字经济通过推动企业自身的数字化转型，充分释放数字经济在企业内部与企业间的活力，强化企业的创新能力，以此推动其自身的高质量发展；数字经济的发展推动了电商平台的发展，精细的技术分类与精准的竞品分析提升了企业对技术学习对象的搜寻匹配效率，加速了企业的知识溢出，进而提高了企业的创新水平，推动了企业的高质量发展（吕越等，2023）；数字技术的发展不仅显著降低了交易成本（Clemons and Row，1992），还在一定程度上打破了市场交易的信息壁垒，加剧了竞争效应，丰富了产品的异质性，进而推动市场的高质量发展。

在宏观层面上，赵涛等（2020）在城市层面上对数字经济与高质量发展之间的关系进行研究时，发现数字经济显著推动了高质量发展，其进一步的研究表明提高创业活跃度是数字经济赋能高质量发展的机制。一方面，数字经济的发展不仅改善了资源在空间上的有效配置，其与实体经济的融合共建更是推动了新一轮的技术革命，打造了"数智化"实体经济，进而推动城市经济换挡至高质量发展模式。另一方面，数字经济的发展促进了数字产业的集聚，产业集聚又引致数字人才的集聚，而人才集聚则进一步放大了知识的溢出效应，极大地增强了产业的创新能力与韧性。知识溢出效应带来的创新能力提升进一步加剧了产业内部的竞争效应，倒逼企业加速自身的数字化发展，从而推动经济的高质量发展。不仅如此，余博、潘爱民（2022）基于长三角地区的数据构建人才流动指标，深入剖析了数字经济赋能高质量发展的机制，发现人才流动不平衡会逆向调节数字经济赋能高质量发展的积极效应。此外，创新驱动（宋洋，2020；钟文等，2023；闵路路、许正中，2022）、政府调控（秦建群等，2022）与消费扩容（杨文溥，2022）也是数字经济赋能高质量发展的作用路径。

既有关于数字经济赋能老龄事业高质量发展的研究表明，数字经济在养老事业发展过程中发挥着重要的作用（Peng 等，2023）。Torta 等（2013）与 Bonaccorsi 等（2016）的研究发现，数字技术的创新应用是解决人口老龄化问题的有效方案，机器人的使用为持续的养老护理服务提供了载体，云技术的引入为其提供了技术支持。Anderberg 等（2019）基于随机对照试验，将认知障碍老龄患者分为干预组与非干预组，证实数字平台的发展推动了养老护理服务的数字化发展。不仅如此，数字技术的发展为老年人提供了更多的社交互动机会，社交媒体、视频通话和在线通信的出现丰富了老年人的社交生活（He 等，2020）。此外，汪静、王希（2021）的研究发现，数字技术的发展重塑了传统公共服务的结构，驱动传统养老服务向"数智"养老服务嬗变，且在政府、信息、数字和技术四方的共同赋能下，实现服务的协同化、精准化、便捷化与智能化。盛见（2021）就养老服务数字化转型的研究表明，在数字经济的驱动与人口老龄化日益严重的双重作用下，养老服务业的数字化转型势在必行，利用数字技术的特性能有效解决养老服务业供需失衡与资源配置效率低下的双重困境，实现养老服务业的数字化转型。夏杰长、王鹏飞（2021）通过分析数字经济赋能公共服务产业发展现状，从数字技术服务化、公共服务数字化和数字赋能效应化三个方面剖析了数字经济赋能公共服务高质量发展的作用机制，认为数字经济赋能在社会保障中重点在互联网医疗、在线教育和智慧养老三大领域。Touati 和 Tabish（2013）与 Perez 等（2023）的研究指出，数字智能设备的使用令老年人能实时监测自身的健康状况,从而促进了医疗保健事业的数字化发展,提高了老年人的生活能力与生活质量。

六、文献评述

现有文献对我国老龄事业发展现状、存在的问题等进行了全面的研究,代表性观点主要包括四个方面。一是我国老龄事业发展不平衡,发展不充分。我国各省区市老龄事业的发展不仅在综合发展水平上存在显著差异,而且在老龄事业发展的各个方面也存在显著差异。经济发展水平在地区老龄事业发展中起到了一定的作用,但不是唯一决定性因素。二是老龄事业和老龄产业的发展是紧密相关、互相影响的。梳理好老龄事业和老龄产业的关系,切实厘清政府和市场在发展老龄事业与老龄产业方面的职责和关系,能为两者的协调发展寻找合适的路径,避免形成错位发展。三是我国老龄事业的发展得益于国家对老龄问题的高度重视和一系列支持政策。与过去相比,当前政策设计更加精准、前瞻、创新,更加适应养老服务业的发展趋势,更能体现供给侧改革、全面开放新实践;既有在原基础上的深化推进,也有在新的重点领域的先试先行。四是提升老龄事业发展质量的必然趋势是创新养老模式、实现产业融合发展,而人工智能、数字技术、大数据、物联网等新技术将为创新老龄事业发展模式提供新路径。

但是,文献对高质量发展的研究主要侧重于经济领域的高质量发展,鲜见关于我国老龄事业高质量发展的研究,较少研究关注老龄事业高质量发展的内涵、测度和路径机制等。数字经济赋能高质量发展的相关研究,为数字经济赋能老龄事业高质量发展积累了丰富的理论和实证经验。本书聚焦于老龄事业的高质量发展,将就数字如何赋能老龄事业高质量发展进行系统深入的探讨和分析。

第三节 研究框架和主要内容

本书试图对数字赋能老龄事业高质量发展的理论和实践案例进行系统研究。首先,对我国老龄事业发展现状进行分析,阐述新时代背景下老龄事业转向高质量发展的现实需求。其次,根据高质量发展理论,提出老龄事业高质量发展的内涵,构建老龄事业高质量发展评价指标体系。再次,基于数字经济背景,探索推动老龄事业高质量发展的多维创新动力,研究数字赋能老龄事业高质量发展的路径机制，利用定性分析和定量分析结合的研究方法和手段，构建多指标综合评价模型、空间计量经济学模型等进行实证分析。最后，对数字赋能老龄事业高质量发展的场景进行案例分析，阐述老龄事业与产业协同发展的路径，提出推动我国老龄事业高质量发展的政策建议。

各章的主要内容如下：

第一章是导论。阐述本书的研究背景和意义，对国内外研究进展进行评价，提出本书的研究框架和主要内容。

第二章分析我国老龄事业发展现状。根据老龄事业发展的主要领域，从老龄政策、养老服务、老龄社会保障、老龄社会支持四个方面对老龄事业发展现状进行分析。

第三章是理论基础。基于老龄事业的概念和高质量发展的内涵，从经费保障、老年照护服务、健康医疗服务和老年社会参与四个方面，阐述老龄事业高质量发展的内涵。基于文献分析和数据可得性分析，构建老龄事业高质量发展测度指标体系。

第四章研究老龄事业高质量发展的空间格局和驱动因素。利用第三章构建的老龄事业高质量发展测度指标体系，收集2013—2019年省级面板数据，采用熵权法测算老龄事业高质量发展水平，并分析其空间格局。构建空间面板回归模型，分析人口老龄化、经济发展和数字技术发展等对老龄事业高质量发展的影响。

第五章研究数字经济影响我国老龄事业高质量发展的空间效应和作用机制。基于数字经济内涵，构建数字经济测度指标体系。收集2013—2021年省际面板数据，测算我国数字经济发展水平和老龄事业高质量发展水平。构建空间面板模型和中介效应模型，对数字经济影响我国老龄事业高质量发展的机制进行理论分析和实证检验。

第六章研究数字赋能老龄事业高质量发展的应用场景。综述数字技术融入老龄事业发展的各种应用场景，分析基于大数据的智慧养老平台的结构、功能和案例，对智慧养老平台在家庭养老床位建设的应用进行研究。

第七章研究数字化背景下我国老龄事业与产业协同发展的理论机制和实现路径。总结我国老龄事业发展存在的问题，分析老龄产业现状、潜力和趋势，阐述老龄事业和产业协同发展的理论机制，构建老龄事业和产业协同发展体系，分析数字化背景下实现老龄事业和产业协同发展的路径。

第二章 我国老龄事业发展现状分析

为积极应对人口老龄化,党中央和国务院出台了一系列政策,统筹推进老龄事业发展。随着政策措施相继落地,老龄事业发展取得显著进展。本章将根据老龄事业发展的主要领域,从老龄政策、养老服务、老龄社会保障、老龄社会支持四个方面对老龄事业发展现状进行分析。

第一节 老龄政策发展现状分析

习近平总书记指出,有效应对人口老龄化,不仅能提高老年人的生活和生命质量,维护老年人的尊严和权利,而且能促进经济发展,增进社会和谐。党中央、国务院高度关切人口老龄化课题,关心老龄事业改革发展,关注老年群体福祉改善,提出了一系列发展老龄事业、加强老龄工作的新思想、新理念和新战略。

一、积极老龄化政策框架逐步健全

我国老龄政策理论随着时代的变迁在不断地发生变化,从 20 世纪 50 年代的成功老龄化到 20 世纪 80 年代的健康老龄化,再到 21 世纪初的积极老龄化,一直在实践中不断探索、调整方向。积极老龄化政策框架有三大支柱,即老年健康、老年保障和老年参与。在健康层面,2016 年颁布的《"健康中国 2030"规划纲要》提出维护健康公平和贯穿生命周期的理念,2019 年颁布的《关于建立完善老年健康服务体系的指导意见》指出要着力构建包括健康教育、预防保健、疾病诊治、康复护理、长期照护、安宁疗护的综合连续、覆盖城乡的老年健康服务体系。2022 年党的二十大报告指出,要"推进健康中国建设","发展养事业和养老产业","推动实现全体老年人享有基本养老服务"。

在保障层面,2013年《关于加快发展养老服务业的若干意见》的出台吹响了养老服务社会化的号角,而2016年国务院办公厅《关于全面放开养老服务市场提升养老服务质量的若干意见》、2020年国家医疗保障局《关于扩大长期护理保险制度试点的指导意见》等系列文件出台,则从退休制度、养老保障、低保救助、长期护理保险制度、养老服务供给体系和社会优质服务(公共文化设施免费或者优惠开放、各类老龄津贴制度)等方面给予老龄群体保障。2022年出台的《"十四五"国家老龄事业发展和养老服务体系规划》提出要大力发展银发经济,促进老年用品科技化、智能化升级,加快推进互联网、大数据、人工智能、5G等信息技术和智能硬件在老年用品领域的深度应用。

在参与层面,2019年中国老年大学协会印发《老年大学5G智慧校园建设实施方案(2019—2022)》的通知,2020年教育部印发《高校银龄教师支援西部计划实施方案》和2020年民政部、国家发展改革委等九部门联合印发《关于加快实施老年人居家适老化改造工程的指导意见》等,从老年人宜居环境、终身学习体系、老年协会和老年娱乐活动等方面鼓励老年人群体积极参与社会活动,使得近年来广大老年人的获得感、幸福感和参与感不断增强。

二、老龄政策法规体系不断完善

伴随着国家对老龄问题的认识与重视逐步深化,我国老龄政策法规体系建设经历了从初步探索到不断完善、全面发展的过程,大致可分为四个阶段。第一阶段是初创探索阶段(1949—1982年)。这一阶段为老年人的专门立法尚未出现,涉老法规、政策只包含在《中华人民共和国宪法》《中华人民共和国刑法》《中华人民共和国民法通则》《中华人民共和国劳动法》《中华人民共和国继承法》等基本法规中。第二阶段是初步发展阶段(1982—1996年)。1982年在维也纳召开第一届老龄问题世界大会之后,我国成立了第一个全国性的老龄工作机构,开始制订我国老龄工作中长期发展规划。1994年,民政部等十三部委联合出台了第一个《中国老龄工作七年发展纲要(1994—2000年)》,老龄工作被正式纳入国家和地方的经济与社会发展计划。第三阶段是快速发展阶段(1996—2018年)。1996年8月29日,第八届全国人大常委会审议通过的《中华人民共和国老年人权益保障法》是我国历史上第一部保护老年人权益的专门法律,也是第一部针对老年人实施的专门性法律。它的制定和实施标志着我国老年人权益保障工作走上了法制化的轨道。1999年我国成立了全国老龄工作委员会,至此,我国老龄工作机构、老龄工作网络的设立、组建工作基本完成。

2000年，中共中央、国务院印发《关于加强老龄工作的决定》，提出将加强老龄工作作为一项重要而紧迫的战略任务。《中华人民共和国老年人权益保障法》在2009年、2015年和2018年经历了三次修正，为我国老年人权益保障法律体系提供了更有力的支撑。第四阶段是全面发展阶段（2018年至今）。2019年11月，党中央、国务院印发《国家积极应对人口老龄化中长期规划》，提出到21世纪中叶，与社会主义现代化强国相适应的应对人口老龄化制度安排成熟完备。2021年11月，党中央、国务院印发《关于加强新时代老龄工作的意见》，进一步指出，把积极老龄观、健康老龄化理念融入经济社会发展全过程。在这一阶段，党中央和政府已经把积极老龄化原则与理念提高到实施积极应对人口老龄化国家战略的高度。

从政策文件数量来说，党中央、国务院及有关部门出台的各类涉老政策文件多达数百件。同时，我国老龄政策法规体系不断完善，目前已经初步形成了以《中华人民共和国宪法》为基础，以《中华人民共和国老年人权益保障法》为主体，涵盖老年福利、养老服务、老年人权益保障等领域的老龄政策法规体系。

三、老龄事业发展规划绘制宏伟蓝图

2019年11月，中共中央、国务院发布了《国家积极应对人口老龄化中长期规划》，并明确提出"健全以居家为基础、社区为依托、机构充分发展、医养有机结合的多层次养老服务体系，多渠道、多领域扩大适老产品和服务供给，提升产品和服务质量"①。这是我国首个应对人口老龄化的全局性、战略性、综合性中长期规划，明确了近期、中期和远期的战略目标：到2022年，我国积极应对人口老龄化的制度框架初步建成；到2035年，积极应对人口老龄化的制度安排更加科学有效；到2050年，与社会主义现代化强国相适应的应对人口老龄化制度安排成熟完备。《国家积极应对人口老龄化中长期规划》从国家战略层面为我国未来30年应对日益逼近的人口老龄化指明了方向，并给出了解决方案。

另外，我国已编制、实施了包括《中国老龄工作七年发展纲要（1994—2000年）》、中国老龄事业发展"十五""十一五""十二五"系列规划纲要以及《"十三五"国家老龄事业发展和养老体系建设规划》《老年教育发展规划

---

① http://www.chongchuan.gov.cn/ntsccqmzj/gzgh/content/674bf62e-bf87-4fbf-8c30-962270d7f653.html.

(2016—2020年)》《"十三五"健康老龄化规划》《"十四五"国家老龄事业发展和养老服务体系规划》等在内的老龄事业发展规划、系列专项规划，共同描绘我国老龄事业发展蓝图。

四、政策引领养老服务新业态

随着数字时代的到来，无论是社会生活还是公共政策都发生了颠覆性的变革。为了满足老年人对美好生活日益增长的需求，养老领域的数字化改革和数字化转型势在必行。我国中央政府制定了一系列政策引领养老服务新业态，为养老服务数字化发展提供了顶层设计和战略部署（尹艳红，2023）。2011年，国务院发布的《中国老龄事业发展"十二五"规划》提出，加快居家养老服务信息系统建设，做好居家养老服务信息平台试点工作，并逐步扩大试点范围。2012年，全国老龄办提出"智能化养老"的概念。2013年，全国老龄委专门成立了"全国智能化养老委员会"。2015年，《国务院关于积极推进"互联网+"行动的指导意见》指出，将互联网资源与健康养老服务充分结合，鼓励搭建线上信息平台。2016年，国家将养老服务业发展重心、养老资源从侧重机构服务转向居家社区服务、农村倾斜，制定了《国务院办公厅关于全面放开养老服务市场提升养老服务质量的若干意见》，提出要发展智慧养老服务新业态；开发和运用智能硬件，推动移动互联网、云计算、物联网、大数据等与养老服务业结合，创新居家养老服务模式。2017年印发的《智慧健康养老产业发展行动计划（2017—2020年)》对智慧健康养老进行了顶层设计，成为产业发展的关键政策。2019年，国务院办公厅发布《关于推进养老服务发展的意见》，提出要持续推动智慧健康养老产业发展，拓展信息技术在养老领域的应用，制定智慧健康养老产品及服务推广目录，开展智慧健康养老应用试点示范。2023年底，工信部公布了2023年智慧健康养老应用试点示范名单和2017—2019年试点示范通过复核名单。其中，2023年智慧健康养老应用试点示范名单共计包括36家企业、1个示范园区、45个示范街道、14个示范基地，2017—2019年试点示范通过复核名单共计包括全国242家企业、街道和基地。2024年初，国务院办公厅印发的《关于发展银发经济增进老年人福祉的意见》，明确表示要打造智慧健康养老新业态，包括完善智慧健康养老产品及服务推广目录，推进新一代信息技术以及移动终端、可穿戴设备、服务机器人等智能设备在居家、社区、机构等养老场景的集成应用，发展健康管理类、养老监护类、心理慰藉类智能产品，推广应用智能护理机器人、家庭服务机器人、智能防走失终端等智能设备。可以看出，智慧健康养老是我国未来养老的发展方向。

在国家政策的引领下，各地方政府也积极探索"互联网＋智慧社区""互联网＋养老服务"的数字养老模式，并制定了相关战略规划和政策。比如，上海市在《上海市全面推进城市数字化转型"十四五"规划》中强调要打造"数字家园"，满足人在社区的各类需求；《上海城市数字化转型标准化建设实施方案》提出，要聚焦老年人就医、出行、居家、文娱、学习等需求，研制实施"为老服务一键通"、智慧养老院、居家环境适老化改造等。江苏省在《江苏省"十四五"养老服务发展规划》中提出要在全省实现智慧养老服务平台县域范围全覆盖。北京市在《关于支持开展"物业服务＋养老服务"试点工作的通知》中提出，要发展智慧居家养老服务，鼓励物业服务企业建设智慧养老信息平台，将社区老年人生活情况、健康状态、养老需求、就医诊疗等数据信息纳入统一的数据平台管理，利用物联网等数字技术加强对老年群体的健康管理和安全防护。广东省在《广东省养老服务体系建设"十四五"规划》中提出，要大力发展银发经济，培育养老服务新业态，强化智慧健康养老应用创新，提升智慧健康养老产业科技竞争力，推动养老服务相关产业向更高质量、更高水平发展。截至2022年底，我国31个省（自治区、直辖市）就智能养老的发展给出了相关的指导意见以及配套的措施，且基本都在本区域的"十四五"养老规划中提出了与智能养老有关的条目，部分省区市还出台了具体细化的地方性智能养老政策扶持行业发展。这些政策推动了各地养老产业模式的创新，引领了数字养老产业新业态的发展。

第二节　养老服务发展现状分析

一、居家养老是主流养老模式

居家养老不同于传统的以家庭成员或亲属提供无偿照料服务的家庭养老。居家养老是政府和社会力量依托社区，为居家的老年人提供生活照料、家政服务、康复护理和精神慰藉等方面为主要内容的社会化服务，其重点是以家庭为核心、以社区为依托、以专业化服务为手段，为居住在家的老年人提供生活照料、医疗保健和精神文化生活等为主的社会化养老服务。这是在人口老龄化和社会转型背景下，家庭养老功能弱化的必然选择。老年人无法完全依赖家庭成员提供生活照料，又希望留在熟悉的社区在家里接受照料服务。居家养老满足了老年人"在地养老"的诉求，成为最重要的社会化养老服务模式（巩晓冬，

2019）。

（一）居家养老服务内容

居家养老服务能满足居家老人对于养老服务的需求，包括日常的生理及心理照顾和帮助，使老年人能在自己熟悉的环境中生活。居家养老服务内容主要包括用餐服务（如社区老年餐桌、定点餐饮、自助型餐饮配送、开放单位食堂等）、生活照料服务（如生活起居、卫生护理、康复辅助、环境清洁、助餐、助浴、助行等）、家政服务（如家庭保洁、助浴、辅助出行等）、精神慰藉（如关怀访视、生活陪伴、心理咨询、不良情绪干预等）、医疗卫生（如体检、医疗、护理、康复等）、家庭护理、紧急救援、文体娱乐活动、家庭适老化改造等方面（高学莉，2021）。

居家养老服务模式按运营方式可以分为四种：第三方组织模式、市场化运营模式、社区主导模式和家庭主导模式（同春芬，2016）。第三方组织模式是指政府将居家养老服务依托给第三方组织如敬老协会等，由该组织负责居家养老服务的一切事宜，为老年人提供居家养老服务。政府给予第三方组织一定的补贴，并负责监督第三方组织的运营管理。市场化运营模式是指政府鼓励社区兴办居家养老服务，并且通过政府预算提供资金补贴，设立不同的服务标准，对不同类型的老年人分别提供不同的养老服务。市场化运营模式下的居家养老服务主要靠市场化购买养老服务，其特点是在强调公平的原则下追求服务运营的高效率。社区主导模式是指居家养老服务主要依托于社区，充分利用社区的资源整合能力，建立专门的机构负责居家养老的日常事务，强调社区的中心辐射作用。社区通过整合养老资源、建立服务中心，为60周岁及以上有生活照料需求的社区居家老年人提供或协助提供家政、助餐、助医、康复辅助、精神慰藉、日间照料、休闲娱乐等服务。通过主导居家养老模式，社区对于服务模式的发展规划、管理的科学性和规范性都进行严格的规定。家庭主导模式是指社区培育养老护理队伍，上门为社区老人提供各类养老服务，服务发生的地点大多在老年人家里。社区通过招募下岗职工，并对其进行培训，组成老年人护理队伍，上门为老年人提供服务。在服务内容方面，老人可以享受到诸如洗衣、做饭、医疗、聊天等一系列服务，这在一定程度上能满足老人的养老需求。

（二）家庭养老床位试点

家庭养老床位可以看作社区居家养老的一种新形式，其主要目的是满足居家失能失智老人的照护服务需求。根据失能失智、半失能老年人刚需，家庭养老床位按照机构养老服务标准，为老年人制订合理的照护方案，对老年人住所进行适老化改造，安装相应智能养老设备，为居家老年人提供类似机构照护的24小时线上线下专业照护服务。

2017年，江苏省南京市率先开展了家庭养老床位建设探索工作。2019年9月，民政部印发《关于进一步扩大养老服务供给 促进养老服务消费的实施意见》，明确提出探索设立家庭照护床位，完善相关服务、管理、技术等规范以及建设和运营政策，健全上门照护的服务标准与合同范本，让居家老年人享受连续、稳定、专业的养老服务。有条件的地方可通过购买服务等方式，为失能老年人家庭照护者开展技能培训，为其普及居家护理知识，增强其家庭照护能力。2021年6月，民政部、国家发改委联合发布《"十四五"民政事业发展规划》（民发〔2021〕51号），明确指出要健全建设、运营、管理政策，发展家庭养老床位。2022年9月，民政部、财政部联合印发《关于开展2022年居家和社区基本养老服务 提升行动项目申报工作的通知》（民办函〔2022〕29号），明确提出通过中央专项彩票公益金支持，面向60周岁及以上经济困难的失能、部分失能老人建设10万张家庭养老床位、提供20万人次居家养老上门服务。

家庭养老床位试点是政府、机构、企业、社区共同推进的"类机构"，主要为老年人提供养老服务。政府负责出台相关政策、开展专业评估并对服务质量进行监督，同时也提供相应的建设补贴和运营补贴；养老机构和医卫部门向老年人提供专业的照护服务，包括直接提供照护服务和对家庭照护者进行培训；企业在政府的支持下为老年人家庭提供相应的适老化改造，其他组织提供除专业照护之外的其他辅助性服务；社区作为链接家庭和专业机构的基层政府代表，负责推进家庭养老床位的建设和运营（王永梅，2023）。

家庭养老床位在满足老年人的养老服务需求、弥补家庭照料能力不足方面发挥了重要作用，解决了失能、半失能老人在家享受专业医养照护服务的迫切需求，将养老机构甚至医疗机构的失能失智床位从"有限"变成了"无限"。家庭养老床位已成为构建居家社区机构相协调、医养康养相结合的养老服务体系的重要组成部分。但是，家庭养老床位职能的实现需要整合多种照料资源和多主体共同参与。目前政策的顶层设计仍有待健全，机构护理人员缺少、运行资金有限仍是家庭养老床位发展的掣肘因素，老年人群的政策知晓水平与购买能力不足，也在一定程度上限制了家庭养老床位的进一步应用推广（黄阳珍，2022）。

（三）居家养老服务供给存在的问题

首先，老年人日益增长的多样化需求与居家养老服务供给单一之间的矛盾比较突出。目前我国居家养老服务主要集中于用餐服务、家政服务等生活照料方面，文体娱乐、精神慰藉及医疗护理等服务严重缺乏（孙小琳，2019）。其次，养老服务收费标准模糊与老年人养老成本差异之间的矛盾。目前对于居家养老服务收费仍然缺乏全国统一的标准，尽管各地出台了相应的政策，但项目的收费标准是否合理尚不清楚。老年人的经济能力不同，其所支付的养老成本也不同，养老保险并不能完全覆盖（如完全失能老年人需要支付的长期护理费用）。

同时，居家养老服务还涉及安全风险问题，比如上门医疗的操作安全风险和医护人员自身的安全风险（高学莉，2021）。就上门医疗的操作安全风险而言，一些医疗操作对于环境有较高的要求（如导尿对无菌环境的要求），而居家环境达不到标准化病房要求，导致一些护理操作增加了并发症的概率，以及在发生突发状况时缺乏医疗设备支持和团队支持（陈文峰，2012）。就医护人员自身安全风险而言，在照顾老人过程中可能产生的医疗养老纠纷，如无相应法律规范，会因难以明确责任主体，进而阻碍居家护理服务的开展（王丽婷、唐浪娟，2020）。

总的来说，不同群体的老年人（如不同的失能等级、不同的慢性疾病等）在养老需求上存在较大差异，随着时代的发展和物质生活的满足，老年人对精神慰藉、心理咨询类养老需求也会越来越高。居家养老作为最主流的养老模式，需要不断创新服务内容和做法，借助人工智能和数字技术，在对各老年群体进行养老需求评估的基础上提供相应的居家养老服务。

二、机构养老是居家养老的重要补充

机构养老和居家养老相互补充，两者各有其优势。居家养老可以让老年人在自己熟悉的家庭环境中保持独立性和舒适感，同时也可以通过家庭护理服务提供部分日常生活支持。而机构养老可以提供专业的护理和医疗服务，适合需要更多日常照料和医疗支持的老年人。根据《2021年民政事业发展统计公报》，截至2021年末，我国养老机构共有4.1万个，相较于2010年的3.99万个，增长2.76%；养老服务床位518.3万张，比2010年的314.9万张，增长64.59%。

（一）养老机构的类型

按经营性质分，养老机构的主要类型包括公办公营养老机构、公建民营养老机构和民办民营养老机构。公办公营养老机构起源于计划经济时期，国家为解决老年人养老问题开始兴办养老院，那时养老机构由政府建设运营，服务对象仅为"三无人员""五保户"或孤寡老人。该类型养老机构为我国老年社会福利事业起到托底保障作用，具有福利性强的典型特征。

随着改革开放和社会主义现代化建设的发展，公办公营养老机构进入改革阶段。1979年，国家民政部在北京召开全国城市社会救济福利工作会议。1982年，《城市社会福利事业单位管理工作试行办法》（民城〔1982〕24号）正式颁布，部分养老机构由此开启了由公办公营向公办民营的转变。公办民营养老机构是由政府出资建设，以竞争性谈判或公开招标等方式，将养老机构的运营管理权以承包、租赁、委托运营等方式转让给社会组织或民间组织，社会组织向政府支付管理运营费。该类型的养老机构虽由社会组织管理，但所有权仍归国家所有。该类型养老机构主要的服务对象为全社会有需要的老年人，同时，仍会接收生活困难的老年人并由承包方为他们提供基本的生活照料服务和适宜性服务，由于其所有权与经营权分离，故而运行效率更高，提供的服务更多样。公建民营型养老机构同时具有福利性和营利性的双重特点。

随着市场经济体制的推进和我国人口老龄化程度加深，我国政府开始鼓励社会力量兴办养老机构。2000年，国务院办公厅转发民政部等部门《关于加快实现社会福利社会化的意见》（国办发〔2000〕19号），明确提出国家资助社会各方面力量积极兴办社会福利事业，建立投资主体多元化、服务对象公众化、运营方式市场化、服务内容多样化、服务队伍专业化的新型社会福利体系，并对社会力量投资创办的养老机构给予扶持和优惠政策。2005年，民政部《关于支持社会力量兴办社会福利机构的意见》（民发〔2005〕170号）进一步明确了民办养老机构的免税优待政策。这些激励政策极大地促进了民办民营养老机构的发展，使得民办养老机构数量显著增加。民办民营养老机构是由社会资本投资筹建，由私人自主经营，自负盈亏，为社会上有支付能力并有养老需求的老人提供生活照料和个性化服务。该类型养老机构主要通过对养老服务收费获得利润，其特点为营利性强、市场化程度高。

针对民办养老机构良莠不齐，缺乏全国统一标准的问题，国家开展了一系列政策引导和监督行动，来提升养老机构质量。2009年，民政部在全国开展"两规范""一标准"的落实情况专项检查，并且制定具有针对性的检查表。

2010年，民政部发布了《关于在民政范围内推进管理标准化建设的方案（试行）》（民发〔2010〕86号），提出在民政领域开展等级评定、合格评定及标准示范建设等管理标准化建设。此后，民政部及相关部门先后颁布实施了《老年养护院建设标准》（建标〔2010〕194号）、《社区老年人日间照料中心建设标准》（建标〔2010〕193号）、《养老护理员国家职业技能标准（2019年版）》（人社厅发〔2019〕92号）、《养老机构安全管理》（MZ/T 032—2012）、《养老机构基本规范》（GB/T 29353—2012）、《光荣院服务规范》（GB/T 29426—2012）、《老年人能力评估规范》（GB/T 42195—2022）等一系列国家标准和行业标准。2017年，民政部等六部门印发《关于开展养老院服务质量建设专项行动的通知》（民发〔2017〕51号），开始了为期几年的养老服务质量大检查。2018年，在全国范围内对有安全隐患的养老机构依法整治，对安全隐患严重、无法有效整治的养老院依法取缔、关停。

（二）医养结合型养老机构的发展

传统的养老机构主要为老年人提供日常生活照料、精神慰藉和社会参与等养老服务。这种医养分离传统养老模式存在一些弊端，即老年人的医疗需求依赖于医院，而老年人就医非常不方便；同时，医养分离不仅导致有慢性疾病的老年人需要承担高昂的住院医疗费用，而且导致失能老人长期住在医院，挤占宝贵的医疗资源。医养结合将医疗卫生服务体系、养老服务体系和长期护理体系有效衔接起来，为老年人提供连续的、无缝衔接的养医康护临终关怀"五位一体"服务，更能适应老年人健康服务需求。因此，医养结合政策被付诸实施后，赢得了社会的普遍肯定，被认为是我国养老服务发展的核心理念，是实现养老服务高质量、内涵式发展的关键（杨翠迎，2023）。

2015年11月，国家九部委发布的《关于推进医疗卫生与养老服务相结合的指导意见》（国办发〔2015〕84号），是国家层面为推进医养结合专门制定的专项指导文件，具有重要里程碑意义。随着建设健康中国的国家战略部署，不同类型的老年人养老需求有较大差异，医养结合政策的层级和范围进一步拓展，政策瞄准的对象也逐步由失能、半失能和独居等特殊困难老年人，向居家社区不同年龄、不同健康状况的老年人扩展。2016年，国家卫生计生委和民政部开展了医养结合的试点工作，遴选确定了北京市东城区等两批90个国家级试点单位。

随着医养结合试点的推进，传统养老机构纷纷向医养结合型养老机构转型，主要模式有两种：一是在养老机构内设医疗机构，二是养老机构与医疗机构合作。在养老机构内设医疗机构模式是指在原有养老机构的基础上增加专业的基本医疗服务部门,如医务室、卫生室、护理站等医疗机构。其主要特点为照护资源丰富,专业人员在平时照顾老年人的过程中,能够及时了解老年人的身体状况,可以做到早发现早治疗。医疗机构和养老机构合作模式是指医疗机构和养老机构签订合作协议,医疗机构派专业的医护人员定期或设立驻点为养老机构的老年人提供体检或医治等医疗救治。其主要特点为机构之间不必各自为政,可以较为灵活地整合各方资源(赵晓芳,2014)。当前,医养结合型养老机构的医养结合服务能力还需要进一步提升。根据《国务院办公厅关于推进养老服务发展的意见》(国办发〔2019〕5号),医养结合服务能力提升的具体措施包括促进医养机构合作、重点推进农村社区的医养结合、支持家庭医生参与为老年人服务等。

(三) 机构养老的优势和不足

对于老年人来说,选择机构养老的优势主要体现在四个方面。首先,在专业护理方面,养老机构通常配备有专业护理人员,他们能够为老年人提供定时服药、身体护理、疾病管理等医疗护理服务。这种专业护理能够有效地满足老年人日常生活中的医疗需求,保障他们的健康和安全。其次,在社交活动方面,养老机构也提供丰富多彩的社交活动和娱乐项目,老年人可以在这里结识新朋友,参与各种活动,保持身心健康。这种社交活动有助于老年人保持积极的心态,减少孤独感,提高生活质量。再次,在安全保障方面,养老机构通常有完善的安全设施和监控系统,老年人可以得到更好的安全保障,减少意外事件的发生。最后,在专业设施与护理方面,相比于社区居家养老,养老机构通常配备有专业的设备和人员,能够更好地满足老年人的生活和护理需求。

选择机构养老也有不足之处。首先,机构养老与居家养老不同,养老机构的环境可能缺乏家庭的温暖和亲情,受传统养老观念的影响,老年人更希望有家人陪伴,如长期居住在养老机构中,他们与家人的交流和互动可能会减少,这会导致孤独感和思家情绪。其次,相比于社区居家养老而言,养老机构的费用较高,对于一部分老年人来说经济负担可能较重。除此之外,当养老机构的资源不足或管理不善时,可能会导致照护质量参差不齐,老年人的需求无法得到充分满足;而且养老机构的生活节奏相对固定,会在一定程度上限制老年人的个人自由和空间,无法满足老年人个性化生活的要求。

三、智慧居家养老是必然趋势

智慧居家养老是将传统居家养老与信息化手段进行结合,以科技创新赋能居家养老,突破时空限制,实现数据互联互通,为老年人提供更加多层次、多样化、精准化的养老服务,是未来养老的必然发展趋势,对满足老年人的差异化需求、优化资源配置、提升管理效率等具有重要意义。智慧居家养老不是一种标准化、流程化的服务,而是针对不同老人、不同情况提出针对性解决方案的智慧化服务,其特色是利用物联网技术实时监测老人的状态,并利用人工智能技术对收集到的健康数据进行统计、分类和预测,实现对现有养老资源的充分利用,以提升老年人的生活质量。与传统养老服务相比,智慧居家养老解决了服务中人力做不好、做不到和不愿意做的诸多问题。

智慧居家养老在我国的发展速度很快,并呈现以下发展趋势。一是智慧居家养老服务种类越来越多元化。随着经济社会的快速发展,社区老年人的养老需求也从最初的满足基本的养老医疗需求转向开始追求更高的精神文化生活。新媒体相比于传统媒体在社区智慧养老平台的建设过程中具有无可比拟的巨大优势,层出不穷的以新媒体技术为支撑的养老服务为老年人提供了多方面的服务选择,有助于满足如今老年人日趋多元化的养老需求。例如,QQ、微信等各种社交软件为老年人搭建起了与家人朋友沟通的桥梁,各种生活资讯类平台则为其提供了社会热点新闻。二是智慧居家养老服务质量不断提升。各种养老服务 App 为老年群体提供了知识学习、生活照料、兴趣培养、医疗保健等多方面的支持,不仅提升了老年人的晚年生活品质,还极大地提升了社区治理的效能。例如,健康管理 App 通过智能手机连接数据平台进行健康管理,可以帮助老年人更好地了解自己的身心健康状况,进行自我健康评估,从而提高老年人晚年的生活质量;社交类软件的使用便于让老年人及时与家人朋友沟通交流,有利于缓解由于年龄、退休和丧亲等原因而造成的老年人主观的不幸福感和孤独感;而各式各样的社区网络课程,则可以满足老年人对于文化知识的学习需求。三是智慧居家养老服务提升了养老服务供给的效率。智慧养老可以整合老年人的各项需求信息,信息化数字化的智能服务系统为社会资源与需求之间搭建起桥梁,信息数据的汇集便于企业有针对性地参与到养老行业当中,减少了无谓的资源消耗,有效促进、协调了养老行业中政府、企业、社会组织以及个人之间的深度分工与合作;同时,帮助政府实现有效监督。通过信息化手段对整个养老服务过程予以监控,能够全方位把握老年人的生理健康状况和现实需求,为政府更好地实施养老服务提供信息参考,促进部门工作效率的提升以及方法的改进（李倩，2017）。

但是，智慧居家养老的发展也面临诸多障碍和急需解决的问题。首先是智能设备功能丰富与可操作性之间的矛盾。随着时代的发展，老年人的需求越来越趋向于多样化、个性化，这也同时意味着对设备功能多样化有着更高的要求；与此同时，功能复杂的设备操作起来也越复杂，但老年人经济条件有限、接受新鲜事物的能力较差，智能终端设备作为"新生事物"无法真正被老年人接受或良好运用，导致老年人"数字鸿沟"的形成。其次是信息收集的必要性与隐私泄露等信息安全之间的矛盾。智慧养老终端收集了大量老年人的个人信息、健康信息、医养服务信息甚至家庭成员信息，如果不能正确地储存和实行隐私保护，将产生信息泄露的风险。遭遇个人身份信息被盗窃、跟踪，诈骗等犯罪行为，将对老年人晚年生活产生负面影响。再次是大数据驱动养老服务的功能尚未有效发挥。养老智能终端设备收集的数据零散、分散与庞杂，多为单一、非结构化的形式，各调度中心只能将数据反映出的需求碎片化地传送给各养老服务供给主体（于潇，2017）。同时，因数据分析处理能力的欠缺，导致采集的信息缺乏科学有效的整合与挖掘，数据的使用更多停留在表面的反馈需求与传达需求，服务供给方仍无法针对老年人不同的生活习惯、需求习惯、身体状况制订出个性化养老服务方案（朱月兰，2015）。最后是智慧养老行业标准模糊与政府智能监管不到位。受我国养老服务社会化总体水平不足、全国养老行业标准不统一、居家养老专业化水平低等因素的制约（张飞霞，2020），在智慧养老的实践过程中，众多养老服务提供者在提供相应的养老服务时自成一派，智慧养老的服务质量参差不齐，降低了老年人对智慧养老服务的期待。

第三节 老龄社会保障现状分析

"老有所养、老有所医、老有所为、老有所学、老有所教、老有所乐"是解决好我国人口老龄化问题的主体思路，也是我国老龄事业发展的目标。为实现该目标，国家不断完善老年社会保障体系，在包括社会养老保险、社会医疗保险、社会老年救助、长期护理保险制度建设等多个方面均取得了明显的进步。

一、社会养老保险覆盖面不断扩大，逐步靠近"老有所养"目标

20世纪80年代中后期，我国相继建立了城镇职工养老保险、城镇居民养老保险、农村养老保险三大养老保险制度，开创了养老统筹发展新格局。20世

纪90年代初，我国进一步明确了城镇职工养老保险细分为基本养老保险、企业补充养老保险和职工个人储蓄养老保险。进入新时代以来，为统筹城乡更公平、更可持续养老保障体系的建立，我国养老制度由"三险共存"到"城乡一体"，实现了养老资源更高效、更合理的配置，扩大了社会保障范围，提高了保障水平（陈茉，2019）。继这之后，我国又推出了养老金"并轨"的系列举措，以建立全国统一、公平、可持续发展的中国特色社会主义养老制度为改革目标。

21世纪以来，我国社会养老保险体系覆盖范围不断扩大，惠及绝大多数群体。根据人力资源和社会保障部发布的《2021年度人力资源和社会保障事业发展统计公报》和民政部发布的《2021年民政事业发展统计公报》数据，截至2021年末，我国参加基本养老保险人数为102871万人，享受高龄补贴人数达到3246.6万人。与2010年相比，参加基本养老保险人数增加66886.90人，年平均增长10%；享受高龄补贴人数增加2670.20万人，年平均增长17%。2005—2016年我国养老金水平连续11年以10%左右的幅度增长，2017—2021年养老金增幅稳定在5%左右。

二、社会医疗保障体系进一步完善，对实现"老有所医"具有重大意义

随着年龄的增大，患慢性病的概率也随之增大，提高老年人的医疗保障水平是非常有必要的。根据国家医保局发布的《2021年全国医疗保障事业发展统计公报》，截至2021年底，基本医疗保险参保人数达136424万人，参保覆盖面稳定在95%以上。根据2016年发布的《第四次中国城乡老年人生活状况抽样调查报告》显示：2015年，56.90%的城乡老年人享受过免费体检，我国老年人预防保健服务取得积极进展；城乡享有医疗保障的老年人比例分别达到98.90%和98.60%，医疗保险制度基本实现老年人全覆盖。

在健康中国战略的指引下，我国大力推进老年健康服务供给侧结构性改革，由以提高老年疾病诊疗能力为主向以全生命周期健康服务为主转变，深入推进医养结合发展，推行健康文明的生活方式，营造安全舒适的健康环境。医养结合是推进健康中国建设的重要举措，已被纳入《"健康中国2030"规划纲要》。截至2020年，全国共有4000余家医养结合机构，建立签约合作关系的医疗机构与养老机构超过2万家。"十三五"至"十四五"期间，国家政策支持和财政投入重点向居家和社区倾斜，重点发挥城乡医疗卫生机构作用，将医疗卫生服务延伸到社区和家庭，让老年人接受医疗服务更便捷，这一战略举措的实施，充分说明了"老有所医"得到进一步落实。

三、社会老年救助体系不断调整、日臻完善，保障水平稳步提升

社会老年救助主要包括五保户制度、最低生活保障制度、特殊困难户救济制度等。经过多年的发展，我国老年社会救助发展虽然过程曲折，但取得的成就也非常显著，主要体现在三个方面：①是建立了稳定科学的资金来源机制，中央和地方按比例负担、合理管理并分级使用；②大部分地区设立了专门工作机构负责老年社会救助项目的运作和管理，完善职能部门设置，优化救助制度运行环境；③实施了一定数量的老年社会救助的配套基础项目。同时，针对困难老年群体的救助政策不断完善，面向老年群体的福利政策陆续出台，老年福利政策正在从社会救济型向适度普惠型发展（陈泽鹏，2018）。自20世纪90年代中国城乡最低生活保障制度建立以来，取得了很大进展，成为社会救助制度最为重要的制度安排和保障城乡困难群众生活的社会安全网（江树革，2013）。近年来，政府在政策方面也做出积极的改进，如调整了分类施保问题政策；同时，逐年提高农村五保对象的供养标准，确保其达到当地村民平均生活水平（金岭，2010）。随着社会救助制度的发展，我国老年社会救助工作也日趋完善，当然，我国老年社会救助包含社会救助制度但不局限于这一单一制度，还包括医疗补贴、法律援助和心理救助等，多方面共同发展，逐步向制度体系发展，朝着综合全面救助方向推进（尹超，2019）。

党的十八大以来，我国基本建成中国特色社会救助体系，年均保障低保人员4000万人以上、特困人员近500万人、临时救助人员1000万人次左右（段相宇，2022）。我国持续完善老年人福利制度，截至2022年9月，已有1420万老年人纳入城乡低保，371.70万老年人纳入特困供养，实现了应保尽保、应养尽养。救助标准进一步提高，较好地保障了城乡贫困老年人的基本生活（段相宇，2022）。

四、长期护理保险制度试点实施，取得显著成效

按照党中央、国务院决策部署，2016年人力资源和社会保障部出台《关于开展长期护理保险制度试点的指导意见》，正式启动长期护理保险制度试点计划，选取首批15个城市作为试点地区，包括河北省承德市、吉林省长春市、黑龙江省齐齐哈尔市、上海市、江苏省南通市、江苏省苏州市、浙江省宁波市、安徽省安庆市、江西省上饶市、山东省青岛市、湖北省荆门市、广东省广州市、重庆市、四川省成都市、新疆维吾尔自治区石河子市，探索建立适合我国国情的长期护理保险制度，试点期限为3年。同时，将山东省、吉林省作为国家试

点的重点联系省份。2019年的《政府工作报告》提出，在全国范围内继续扩大长期护理保险制度试点。2020年，国家医疗保障局和财政部发布《关于扩大长期护理保险制度试点的指导意见》，将北京、天津、山西、内蒙古自治区、辽宁、福建、河南、湖南、广西壮族自治区、贵州、云南、陕西、甘肃、新疆维吾尔自治区14个地区纳入第二批长期护理保险制度试点范围。

长期护理保险制度试点为探索建立适合我国国情的长期护理保险制度积累了宝贵经验。试点城市已经开展卓有成效的试点工作，在试点地区取得较好的社会经济效果：一是缓解了失能人员及其家庭的经济负担，二是促进了养老服务业及其关联产业的发展，三是促进了医疗养老护理资源的优化配置，四是居民对试点制度的满意度较高（彭荣等，2022）。但是，作为新时代一项普惠民生的新建制度还是存在许多需要完善的地方。比如，长期护理保险基金的筹集、运营、管理，以及长期护理服务体系建设等均需要进一步加强研究。

长期护理保险制度是实现共享发展改革成果的重大民生工程，也是健全社会保障体系的重要制度安排。通过试点深入推进长期护理保险制度建设，是具有鲜明中国特色的政策实验形式。党的二十大报告明确指出，要健全社会保障体系，建立长期护理保险制度。这是以习近平同志为核心的党中央从党和国家事业发展全局做出的重大战略部署，充分体现了以人民为中心的发展思想，必将对我国老龄事业发展产生深远的影响。

第四节　老龄社会支持现状分析

一、老年教育覆盖面逐步扩大，推动我国构建学习型社会的发展

老年教育作为成人教育的特殊一环、终身教育的最后阶段，是积极应对人口老龄化、实现教育现代化的重要战略举措，通过老年教育的杠杆联动作用促进老龄化问题解决已经成为社会的普遍共识。1996年，我国颁布的《中华人民共和国老年人权益保障法》就已经明确规定了老年人有继续接受教育的权利，从此老年教育走向依法办学阶段。老年教育模式包括社区老年教育模式、远程老年教育模式、依托大学开办的老年教育、依托图书馆（或博物馆）开办的老年教育等，例如在新冠疫情期间，远程教育模式便体现了其独特的优越性。

2016年，国务院办公厅印发了《老年教育发展规划（2016—2020年）》，这是我国首部针对老年教育的专门规划，为我国老年教育的科学发展保驾护航。

2017年，《国家教育事业发展"十三五"规划》提出要丰富老年人精神生活，发展老年教育，制订老年教育机构基础能力提升计划，力争到2020年基本形成覆盖广泛、灵活多样、特色鲜明、规范有序的老年教育新格局。一系列政策的发布与实施，为老年教育工作提供了重要指导。2021年11月，中共中央、国务院出台《关于加强新时代老龄工作的意见》，明确规定把老年教育纳入终身教育体系，鼓励社会力量办好各类老年大学，为老年教育事业发展提供有力的政策支持。2022年11月，根据党中央、国务院关于加强新时代老龄工作的部署要求，经中央机构编制委员会批准，教育部党组研究决定，国家开放大学加挂国家老年大学牌子。2023年3月，国家老年大学正式挂牌成立。

国家老年大学是我国老年教育事业改革发展的重要里程碑，旨在促进老年人厚德修身、终身学习、主动健康、乐享生活、积极作为，不断满足老年人多样化学习需求，努力为实现老有所学、老有所乐、老有所为创造更好条件。国家老年大学已初步建成全国老年教育公共服务平台，积极整合优质资源，汇聚了40.70万门、总计397.30万分钟的老年教育课程资源，打造国家级老年教育资源库，为未来向全国老年教育机构推送优质资源提供保障。目前已有8000余名教师进入国家老年大学的师资库，围绕休闲娱乐、主动健康、技能提升和银发圆梦四个方向，提供形式多样的老年教育服务。截至2022年底，我国各级各类老年大学（学校）已达7.6万所，参加学习的学员2000多万人。在推进终身教育体系和学习型社会的大背景下，老有所学、老有所教已经成为一种被社会广为认可的生活方式。

二、老年人精神文化生活日益丰富

我国《老年人权益保障法》规定：国家和社会采取措施，开展适合老年人的群众性文化、体育、娱乐活动，丰富老年人的精神文化生活。在服务设施方面，为丰富老年人的精神文化生活，在基层公共文化设施内开辟适宜老年人的文化娱乐活动场所，推动公共文化服务设施向老年人免费或优惠开放，为老年人开展文化活动提供便利。2021年，国家体育总局印发《公共体育场馆基本公共服务规范》，支持公共体育场馆向老年人群体提供便利服务。根据《中华人民共和国文化和旅游部2021年文化和旅游发展统计公报》数据，截至2021年末，我国共有公共图书馆3215个，群众文化机构43531个，其中，乡镇综合文化站32524个；群众文化机构共有馆办文艺团体9533个，由文化馆（站）指导的群众业余文艺团体45.49万个，馆办老年大学670个。通过图书馆等公共文化设施，开设针对老年人的课程和讲座，涵盖健康养生、文学艺术、科技知识等多个领域。

在服务内容和形式方面,以往传统意义上的文化娱乐活动可能只局限于一些简单的健身器材、公共休息空间、棋牌室等。如今,文娱活动中心是老年人参加文化活动的重要场所,在文化活动的形式和种类方面逐渐增加了书法绘画、音乐戏曲、游泳馆、乒乓球室、健身室、各类教学等,可供老年人选择适合自己的文化娱乐活动。政府有关部门和社会各界积极参与,组织以老年人为参与主体的主题活动和公益活动。比如,搭建老年文化团体社区舞台,开展"九九重阳"全国老年人体育健身交流活动等。

随着互联网科技的发展和数字化的普及,老年人也开始逐渐拥抱数字化生活。根据中国互联网络信息中心发布的第 51 次《中国互联网络发展状况统计报告》,截至 2022 年 12 月,我国网民规模为 10.67 亿,其中 60 岁及以上群体占比显著提升,达到 14.30%。使用智能手机的老年人越来越多,他们利用互联网进行社交通信、娱乐,比如刷短视频、视频通话等。一些老年人甚至变身直播网红,将快乐充实的日常生活,优雅、智慧、丰富的人生经验带进社交平台,愉悦自己的同时,也带给万千网友鼓舞和感动。便捷的数字技术不仅丰富了老年人的生活,而且帮助老年人更好地参与社会活动。但是,老年人面临的"数字鸿沟"依然存在,因为无法熟练掌握智能技术,部分老年人在出行、就医、消费、文娱、办事等方面遇到困难,且网络谣言、网络诈骗等风险也在影响着老年人的生活。为提升老年人数字素养与技能,政府、企业、社区组织、志愿者等积极聚焦老年人数字生活中的难点、痛点,采取形式多样的帮扶措施和行动,为老年人提供多样化、个性化的指导和服务,助力老年人跨越"数字鸿沟"。未来,老年人将进一步共享数字化发展成果,数字技术将深入赋能老年人的精神文化生活,提升老年人生活质量。

三、老年人居住环境建设日益完善

老年人居住环境建设包括硬环境的适老化改造和软环境的敬老爱老助老社会氛围的营造。老年人居住环境政策具有宏观政策统筹、多部门联合参与、共同协作的特点,其中民政部、国家卫生健康委、住房和城乡建设部、国家发展改革委、自然资源部等部门在该领域发挥了较强的宏观政策引领作用。2020 年 7 月,民政部、住房和城乡建设部、全国老龄办等 9 个部门联合印发《关于加快实施老年人居家适老化改造工程的指导意见》(民发〔2020〕86 号),体现了国家对老年人居家适老化改造工作的高度重视,标志着居家适老化改造从"试点探索期"进入了"广泛实践期"(周燕珉、秦岭,2020)。《中华人民共和国国民经济和社会发展第十四个五年规划和 2035 年远景目标纲要》明确提出，要支持 200 万户特殊困难高龄、失能、残疾老年人家庭实施适老化改造；补贴 110 万户困难重度残疾人家庭无障碍设施改造。党的二十大报告指出，要实施城市更新行动，打造宜居、韧性、智慧城市。

在硬环境建设方面，老年人居住环境建设的内容涉及养老公共服务设施建设、无障碍建设与改造、适老化改造、老年宜居环境建设、相关适老化产品设计、技术标准规范制定、信息化应用、智能化应用等方面。现阶段，我国主要通过老旧小区改造、居住社区建设、社区治理、城市微更新等城市更新专项活动改善和提升老年人居住环境质量。2021 年 4 月，住房和城乡建设部、中央网信办等 16 个部门联合印发《关于加快发展数字家庭提高居住品质的指导意见》（建标〔2021〕28 号），鼓励和要求新建社区配置健康管理、紧急呼叫等适老化智能产品。2021 年 5 月，商务部等 12 个部门联合发布《关于推进城市一刻钟便民生活圈建设的意见》（商流通函〔2021 年〕176 号），确定便民生活圈建设试点地区 30 个，推动各地建设改造一批充分兼顾老年人及特殊群体生活便利需要的无障碍服务设施。2021 年 11 月，中国残联、住房和城乡建设部等 13 个部门联合印发《无障碍环境建设"十四五"实施方案》，推动增强城乡无障碍设施的系统性、完整性和包容性，提高城市道路、高速公路、公共交通、公共建筑、居住社区无障碍设施建设水平，方便老年人生产生活。总的来说，养老设施建设从较为简单基础的非营利性老年福利设施建设向无障碍建设、适老化改造、医养康养设施建设等全方位服务设施建设改变，从单一的硬件设施建设领域深入到智慧养服务领域，以期营造出集人性化、便利化、精细化、智能化于一体的老年友好人居环境。

在软环境建设方面，为营造全社会敬老、爱老、助老的氛围，从国家层面积极倡导传承和弘扬中华民族敬老孝亲的优良传统。自 2010 年起，每年在重阳节当月开展为期一个月的"敬老月"活动，广泛组织动员政府部门、社会组织、企事业单位和家庭个人，以走访慰问、权益维护、文化活动、志愿服务、主题宣传等方式，为老年人办实事、做好事、献爱心。社区党支部充分发挥党员先锋示范作用，带动社区爱心人士、社会组织和爱心单位等开展多种类型的慰问，帮助解决老年人碰到的日常生活难题。国家卫生健康委、全国老龄办印发的《关于开展 2023 年全国示范性老年友好型社区创建工作的通知》明确提出，要创建 1000 个全国示范性老年友好型社区。老年友好型社区的建设将更进一步改善老年人的居住环境，增进老年人在社区生活的获得感、幸福感和安全感。

第三章 老龄事业高质量发展统计测度的理论基础

推动老龄事业高质量发展,急需加快形成推动老龄事业高质量发展的指标体系。本章将基于老龄事业的概念和高质量发展的内涵,从经费保障、老年照护服务、健康医疗保障和老年社会参与四个方面,阐述老龄事业高质量发展的内涵。基于文献分析和数据可得性分析,构建老龄事业高质量发展测度指标体系。

第一节 高质量发展的概念和内涵

高质量发展阶段的提出是改革开放40年以来社会经济发展的产物。改革开放40多年来中国经济快速增长与经济结构不断优化,中国成为全球最大的工业制造国,从工业化迈入到城市化。经过几十年的发展,中国特色社会主义进入了新时代。中国社会主要矛盾已经转化为人民日益增长的美好生活需要和不平衡不充分的发展之间的矛盾。这就要求,发展要着力满足人民在经济、政治、文化、社会、生态环境等方面日益增长的需要,要在幼有所育、学有所教、劳有所得、病有所医、老有所养、住有所居、弱有所扶上不断取得新进展,更好地推动人的全面发展和社会的全面进步。

从经济学的视角来看,高质量发展是经济发展质量的高级状态和最优状态。高质量发展是经济的总量与规模增长到一定阶段后,经济结构优化、新旧动能转换、经济社会协同发展、人民生活水平显著提高的结果(任保平,2018)。从供求和投入产出角度来看,高质量发展意味着高质量的供给、高质量的需求、高质量的配置、高质量的投入产出、高质量的收入分配和高质量的经济循环。结合发展的属性,发展质量的高低,最终是以经济发展能否满足人民日益增长的美好生活需要为判断准则，而美好生活需要绝不仅仅是单纯的物质性要求，而将越来越多地表现为人的全面发展的要求（金碚，2018）。从社会矛盾变化和新发展理念角度来看，高质量发展就是能够很好满足人民在经济、政治、文化、社会、生态等方面日益增长的美好生活需要的发展，包括人与人、人与自然、人与社会等社会经济生活全过程的发展，是更好推动人的全面发展、社会全面进步的发展，体现在人民获得感、幸福感、安全感、价值感等诸多方面。从问题角度来看，高质量发展可以通过识别经济社会发展中突出的不平衡、不充分问题来界定。比如，城乡区域发展和收入分配差距较大、风险过度积聚、环境污染严重、创新能力不足都不是高质量发展；反之，促进共同富裕、防范化解风险、创新驱动和人与自然和谐共生的发展就是高质量发展（安淑新，2018）。

综合现有文献的观点，可以从系统平衡观、经济发展观、民生指向观三个视角来理解高质量的内涵。系统平衡观认为，高质量发展是在新的发展环境、发展条件和发展阶段提出的新要求，由于从高速度发展转向高质量发展受到国际环境、经济新常态、社会主要矛盾、生产要素、资源环境等一系列重大变化的影响，因此，高质量发展具有系统性和全面性。经济发展观认为，经济建设既是推动高质量发展的重点领域也是重要支撑，高质量发展离不开经济建设。在经济发展观视角下，高质量发展涉及发展过程、方式、动力、效果的全面提升，要求转变增长方式、切换增长动力、提升发展效率、分享发展成果。因此，高质量发展要求一个国家或地区经济总量提高、经济效益提升、经济结构优化、经济发展可持续和经济发展成果共享。民生指向观认为，经济高质量发展的微观基础是提供更高质量的产品和服务，经济生产的最终目的是满足人的实际生活需要。因此，高质量发展要提升质量的合意性，需从更好满足人民日益增长的美好生活需要的角度出发，提升产品和服务质量。

第二节　高质量发展的思想理论

发展观是指导发展的思想理论，是对发展规律的深刻认识和揭示。中国特色社会主义现代化发展过程，是在不同发展阶段发展观不断发展演变并与时俱进的过程（胡鞍钢，2016），体现了中国共产党领导的社会主义事业发展的改革探索、创新实践和开放发展。从"发展才是硬道理""发展是执政兴国第一要务"，到超越 GDP 增长的可持续发展，是发展的第一个重大转变。从转变经济发展方式到科学发展观的提出，强调发展的第一要义是以人为本，是发展的第二个重大转变。从科学发展观到"五大发展理念"的全新发展观，进一步拓展了发展维度、领域与内涵，是发展的第三个重大转变。从"五大发展理念"到"高质量发展观"，突出"以人民为中心"的高质量发展，是发展的第四个阶段，体现了发展追求、发展方式、发展理念的革命性转变。其中，可持续发展观、科学发展观、五大发展理念是形成高质量发展观的重要理论基础。

一、可持续发展观

1987 年，联合国世界环境与发展委员会在《我们共同的未来》（*Our Common Future*）中提出了"可持续发展"的概念，认为可持续发展是"既能满足当代人的需求又不危及后代人的需求的一种发展模式"，其核心是经济、社会、人口、环境、资源以及科技各个方面相互协调，共同发展。20 世纪 90 年代，中国因应当时党长期执政压力与国内改革发展新要求，对发展理论适时地修正完善，形成可持续发展观（赵东喜等，2021）。可持续发展包含了三个方面的发展，即经济发展的可持续、社会发展的可持续和生态发展的持续，只有实现三个领域的协调统一，才可能实现可持续发展。

程恩富、王中保（2008）较为全面系统地研究了可持续发展理论，认为可持续发展应是满足当代人需求又不损害子孙后代满足其需求能力的，满足一个群体、地区或国家需求又未损害别的群体、地区或国家的需求，人与自然、人与人、人与社会、社会与自然和谐的发展。实现可持续发展，必须保护和满足所有人民的基本需要，普遍提供可持续生存的基本条件，如食物、卫生和教育，以保证人们不会为了短期生存需要而被迫耗尽自然资源。同时，人口发展要与生态系统的生产潜力相协调，对可再生资源的利用率必须控制在可再生率之下，对不可再生资源的利用率不能超过替代能源的开发利用率，对环境污染和生态的破坏不能超过环境和生态的净化能力。通过转变价值观念和生活方式，建立一个不被利润和国内生产总值的追逐所支配的社会主义市场体系和生产关系，向真正实现人的全面、自由和协调发展的方向挺进。牛文元（2015）在提炼可持续发展内涵的基础上，对可持续发展理论的三维解释、可持续发展的临界阈值、可持续发展的数学模型、可持续能力建设方程、可持续发展下的绿色 GDP 度量以及中国可持续发展战略的实践和行动等，进行了综合性归纳，提出有效协同"人与自然"的关系是保障可持续发展的基础。

目前被广泛接受的评价可持续发展的指标体系，一是联合国可持续发展委员会基于《21 世纪议程》确定的可持续发展内容提出的指标体系，该指标体系在"经济、社会、环境和机构四大系统"的基础上提出了"驱动力状态响应"的概念模型（DSR），构建了由 130 个指标组成的指标体系。这一指标体系试图表征经济、社会、环境发展的相关性和协调性，但是由于指标过多，在使用过程中缺乏可操作性。二是联合国环境问题科学委员会提出的包含了经济、社会、环境共 12 项指标的可持续发展指标体系。这一指标体系表明可持续发展关注的核心是人，它通过经济发展和环境保护实现社会公平和生活条件改善。三是世界银行根据可持续发展的四组要素提出的指标体系，包括土地和水等自然资源，公共基础设施和机器设备等生产资源，教育、医疗等人力资源，以及社会资本。这一指标体系把四组资源的拥有程度作为衡量一个国家和地区的可持续发展水平。世界银行的指标体系重点强调了可持续发展要高度关注资源的利用，并对资源进行了分类，这意味着可持续发展不仅应当关注自然资源和生产资源，还应当关注人力资源和社会资本。我国学者基于本土实际构建了可持续发展评价指标体系，如朱启贵（1999）根据可持续发展理论和《中国 21 世纪议程》设计了 7 个方面的指标体系，包括经济、社会、人口、资源、环境、科技和制度；牛文元（1997）提出了由社会发展、经济、资源与环境污染、制度问题四大类指标组成的指标体系。上述可持续发展指标体系的建立和应用从一个侧面反映了可持续发展理论的不断深化，揭示了社会经济活动同资源环境之间的关系，对于促进各个学科领域和各个行业可持续发展的研究具有重要指导作用。

二、科学发展观

2003 年，胡锦涛总书记在党的十六届三中全会上做《中共中央关于完善社会主义市场经济体制若干问题的决定》的重要讲话，第一次明确提出了发展观概念，并在党的十七大把科学发展观概括为："科学发展观，第一要义是发展，核心是以人为本，基本要求是全面协调可持续，根本方法是统筹兼顾。"[①] 科学发展观阐明了科学发展的根本方法是统筹兼顾，为新阶段中国特色社会主义现代化建设提供了方法论，是贯彻落实科学发展观的操作工具。科学发展观创造性地回答了如何解决中国发展不平衡、不协调的一系列问题，上升到了一个新的理论高度，指导中国经济发展方式快速转变，产业结构升级优化，实现又快又好的发展（赵东喜等，2021）。

20 世纪 90 年代以来，我国经济体制改革进入全面建设社会主义市场经济体制阶段，此时，制度创新就成了社会发展的重点和动力。21 世纪初期，各项

---

① http://zqb.cyol.com/content/2010 - 01/08/content3027531.htm.

制度的建立健全，为以人为本的发展提供了重要保障和现实依据，于是，以人为本的发展就成了发展的核心，实现以人为本也就成了首要发展任务。以人为本的科学发展观是对马克思社会整体发展论的系统总结和进一步发展。科学发展观的内涵是以人为本，全面、协调、可持续发展，核心理念就是坚持以人为本（李炳炎，2011）。这里的以人为本，实际上是以认识到人民群众在社会发展中的主体动力作用为前提的。随着我国经济社会发展进入新常态，经济、社会和生态的非平衡性、非包容性、非可持续性发展已经越来越严峻，导致产业结构失衡、贫富差距过大、生态环境严重恶化等诸多问题，严重制约了我国社会经济的进一步发展。科学发展观提出的平衡性、包容性、可持续性发展理念，正是希望通过分享改革成果充分调动广大人民群众参与社会整体发展的积极性和主动性，实现平衡、包容、可持续的整体发展。

马克思主义人的全面发展理论是科学发展观的重要理论基础。卫兴华（2009）就我国发展问题，强调应通过落实科学发展观，不断解决经济社会发展中碰到的障碍。首先，要重视解决社会公平问题，特别是弱势群体的利益保障和民生问题，使改革与发展的成果真正惠及广大人民群众，扭转前一时期"重资轻劳"的倾向。其次，积极转变经济增长方式，由高投入、高消耗、高污染而低产出、低质量、低效益的粗放型增长方式，转变为低成本、低消耗、低污染而高产出、高质量、高效益的增长方式。最后，要真正和有效地转向科学发展，实现以人为本，全面、协调、可持续发展，统筹城乡、区域、经济社会的协调发展。刘世锦（2010）认为当前发展方式转变突破口的选择，应着眼于拓展发展空间，用增量的创新带存量的调整和改革，形成转变的激励机制，合理调整利益关系，尽可能调动各方面的积极性、主动性和创造性。张宇（2012）从探索中国模式入手，客观地研究了中国经济发展动力与科学发展观，认为中国经济模式的最重要成果和最宝贵经验就在于，它从中国的实际出发，探索并形成了符合中国特色的发展理论、发展战略和发展道路，最重要的是科学发展观。

三、新发展理念

党的十八大以来，习近平总书记站在历史与时代的高度，回答了关于新时代中国发展的内涵、目的、动力、方式、路径等理论与实践问题，提出了新发展理念，形成了一个从发展动力到发展目的的系统的发展理论体系，丰富和发展了科学发展观。新发展理念提出的发展最新要求，构建的战略发展格局，尤其是提升发展平衡性、包容性和可持续性的战略部署，是科学发展观的升华和提升。

新发展理念科学概括了发展的内涵，认为发展应该是"真发展"和"高质量"的科学发展，是经济发展从"有没有"转向"好不好"，体现新发展理念的发展，是创新为第一动力、协调为内生特点、以绿色为底线的开放发展。新发展理念深化了发展动力理论。创新处于新发展理念之首，是引领发展的第一动力。以创新为发展基点，形成促进创新的体制机制，才能塑造更多依靠创新驱动的发展，探索出更多中国特色的新的发展模式与经验。新发展理念把实现共享发展作为发展的目的和归宿，并提出更高的发展目标是促进共享发展目的的实现，体现了"以人民为中心"的发展原则。

李鸿忠（2015）对新发展理念进行了系统阐述。他强调，创新、协调、绿色、开放、共享发展理念，集中体现了以习近平同志为核心的党中央对我国新的发展阶段性特征的深远洞识和发展规律的深刻把握，是习近平总书记系列重要讲话发展篇章的集大成理论成果，是当代中国的马克思主义发展理论。我们必须深刻把握五大发展理念的科学内涵及其创新价值，深学笃行、全面贯彻，推动中国特色社会主义道路越走越宽广。贯彻落实五大发展理念，已经成为适应经济新常态、引领经济新常态的必然要求。郝立新（2015）对中国特色社会主义发展的内在逻辑决定了全面的战略思维和综合的发展理念的形成和发展进行了深入研究。他认为五大发展理念的重大意义在于能够指导我们"破解发展难题、增强发展动力、厚植发展优势"。五大发展理念立足国家整体利益、根本利益、长远利益，以重大问题为导向，聚焦突出问题和明显短板，回应群众的强烈诉求和热切期盼，体现了党和国家战略意图的基本理念，是我国发展思路、发展方向、发展着力点的集中体现，也是改革开放30多年来我国发展经验的集中体现，是对我国发展规律的新认识。

第三节　高质量发展的衡量与评价维度

一、发展质量的内涵与评价

党的十八大报告指出，要适应国内外经济形势新变化，加快形成新的经济发展方式，把推动发展的立足点转到提高质量和效益上来。从经济发展的根本目标来看，经济发展质量的内涵体现了以人为本的基本理念；从经济发展的过程来看，经济发展质量的内涵体现了经济系统的投入产出效率和运行稳定性；

从经济发展各方面的关系来看，经济发展质量的内涵体现了经济系统内部结构的协调发展，以及经济系统与社会系统、资源环境系统之间的协调发展；从可持续发展的角度考虑，高质量的经济发展应该是可持续的经济发展（姚升保，2015）。

近几年来，不少学者关注发展质量评价指标体系的研究。罗序斌（2009）通过构建经济发展质量指标评价体系，将生产率质量、经济结构、技术进步、人力资源开发设为二级指标，并通过这些维度来对经济发展质量进行测度。魏博通（2012）提出从经济发展、居民生活水平、教育、技术创新、环境保护五个维度对中部六省的发展质量进行评价。姚升保（2015）根据经济发展质量的内涵，从经济效率、经济运行稳定性、经济结构、人民生活、社会进步和资源环境代价六个维度上构建了包含 30 个基础指标的经济发展质量评价指标体系。张红（2015）从经济发展有效性、协调性、分享性、创新性、持续性五个维度构建了测度经济发展质量的指标体系。陈文峰和刘薇（2016）构建了产业导向性、产业带动性、产业市场化、产业创新性、产业效益性五个一级指标和十七个二级指标的战略性新兴产业发展质量评价指标体系，对全国 28 个省份新一代信息技术产业发展质量进行了评价。这些发展质量研究具有较好的系统性和完整性，对后续研究具有重要的借鉴意义。

二、高质量发展的评价维度

高质量发展是一个复杂的多维度概念，它是衡量一定时期经济发展优劣程度的重要指标，不仅表现为经济总量和物质财富数量的增加，而且是一种水平高低的价值判断。若想对高质量发展做出科学的评判，从单一维度来分析显然缺乏说服力。师博（2018）从增长的基本面和社会成果两个维度对高质量进行分析，基本面分解为增长的强度、稳定性、合理性、外向性四个方面，社会成果则分解为人力资本和生态资本两个方面。该研究测度了 1992—2016 年中国省级经济增长质量指数，并结合 2017 年前三个季度的宏观数据进行预测，认为未来中国经济增长质量将进入较长的上升通道，但东、中、西部经济增长质量分布并非均衡的态势，难以在短期内弥合。

赵昌文（2017）从长期与短期、宏观与微观、总量与结构、全局与局部四个维度探讨高质量发展指标体系的构建。该研究认为，从长期来看，高质量发展要求能够适应发展阶段的转换，抓住科技革命和产业变革的机遇；从宏观来看，高质量发展要求经济运行不存在重大结构性失衡，整体风险可控；从总量来看，高质量发展意味着经济增长保持健康稳定，没有明显偏离潜在增长率；

从全局来看，高质量发展要求经济发展与民主、文明、和谐、美丽基本协调。

殷醒民（2018）在现代化经济体系的基本框架下，提出高质量发展指标体系可以扩展为五个维度：全要素生产率、科技创新能力、人力资源质量、市场配置资源机制、金融体系效率。这一视角有着深厚的经济学理论基础：全要素生产率是测定发展质量的核心，全要素生产率能否有一个看得见的提高在很大程度上将始终依靠科技创新。而经济的稳定增长和高质量发展离不开科技创新的强力支撑，要使科技与经济深度融合，就应该把科技发明能否创造新技术产业的能力作为最主要的科技质量指标。科技创新过程中，人力资源质量占据着首要地位，这也符合我国的"人才兴国"战略。资金配置效率涉及现代金融体系的基本功能，为更高生产率部门和科技创新领域提供资金是金融体系的"天职"。金融深化要提高中国的储蓄和投资水平，以及资本生产率和产出的增长，高质量发展的内涵自然从中体现出来。

盛朝迅（2018）从马克思辩证统一的视角入手，将高质量发展划分为宏观和微观相结合、供给和需求相结合、公平和效率相结合、目标和过程相统一、质量和数量相统一的五个维度。一是宏观和微观相结合的维度：高质量发展是一个既包括宏观经济发展质量，也包括微观经济活动中产品质量、工程质量、服务质量的"大质量"概念。二是供给和需求相结合的维度：高质量发展首先要解决供给问题，包括产业供给、产品供给、企业供给和要素供给质量提升等。与此同时，高质量发展也是顺应需求升级的必然结果，是高品质、高性价比的产品满足消费者高品位需求的过程。三是公平和效率相结合的维度：高质量发展是高效率、高附加值和更具可持续性、包容性的结合。从公平角度看，高质量发展意味着要从不平衡不充分发展转向共享发展、充分发展和协同发展。从效率角度看，高质量发展要求以最少的要素投入获得最大的产出，实现资源配置优化。四是目标和过程相统一的维度：高质量发展是发展目标与发展过程的统一。从发展目标来看，高质量发展有助于满足人民群众日益增长的多样化、多层次、多方面需求。从发展过程来看，通过创新引领高质量发展是推动我国经济质量变革、效率变革和动力变革的根本途径，是发展动力由要素驱动向创新驱动转变，发展模式由粗放发展向集约发展、绿色发展和可持续发展更替的过程。五是质量和数量相统一的维度：推动实现高质量发展必须牢固树立"质量第一、效率优先"理念，将以往主要依靠增加物质资源消耗实现的粗放型高速增长，转变为主要依靠技术进步、改善管理和提高劳动者素质实现的集约型增长，增强发展"质"的含金量。同时，高质量发展是质和量的结合，量是质的基础，质是量比较的结果，数量和质量两者应该兼顾。

三、高质量发展的衡量及指标体系研究

2017 年中央经济工作会议指出，推动高质量发展必须加快形成推动高质量发展的指标体系、政策体系、标准体系、统计体系、绩效评价、政绩考核，创建和完善制度环境。我国政府和学术界均认为有必要构建一套科学的指标体系评价和推动高质量发展的进程，通过以高质量的考评顺应高质量发展，切实增强各级干部推动实现经济高质量发展的驱动力和自觉性。

构建一套社会认可的高质量发展评价体系，对于我国经济理论界和实际工作部门是一项挑战性、开创性的工作。安淑新（2018）指出构建高质量发展评价的指标体系目前主要存在以下四个问题。一是评价指标体系缺乏顶层设计，各地围绕贯彻落实党的十九大精神和中央经济工作会议部署，纷纷提出了本地推动高质量发展的目标任务和具体举措，并积极研究制定评价指标体系。但各地在探索过程中，存在范围不同、标准不一、指标各异等问题。加快完善高质量发展评价指标体系的顶层设计，对引导指导各地科学推动高质量发展具有重要意义。二是现有指标体系不能体现高质量发展的内在要求。现有的指标体系难以满足推动高质量发展的要求，存在"四多四少"问题，表现在反应速度、总量的指标多，体现质量、效益的指标少；反映发展水平的指标多，体现人民群众可观可感的指标少；反映经济建设的指标多，体现其他领域建设的指标少；反映传统发展方式路径的指标多，体现新发展方式路径的指标少，所以需加快构建和完善高质量发展指标。三是反映高发展质量的主观性指标不可计量。所谓发展质量，本质上就是一个综合性概念，既有其客观性，也有主观性，即关于质量的某些判定取决于其同相关人的关系以及相关人对其的关切程度。而所谓相关人是一个复杂的群体，个体关切性和群体关切性又可能有很大差别，就像很难精确判定不同人或者一群人的素质谁高谁低一样，也难以精确判定发展质量的高低。所以对于质量的高低，不同人的感受往往是很不相同的。当涉及经济社会问题时，不同人对于质量的主观判断标准就更可能大相径庭了（金碚，2018）。四是一些指标数据的测算歧义较大。在设计指标体系时，存在一些反映高质量发展的指标数据缺失，或者数据不稳定、波动大、质量不高、口径变化多等问题（潘建成，2017）。比如，全要素生产率作为高质量发展的核心指标，是科学系统展现高质量发展成效的重要综合性指标，但由于"全要素生产率"涉及面广、涵盖内容多、行业领域跨度大等，全国尚未有统一的测算方法和标准，导致各地测算方法不一、结果差距较大，难以具有可比性。

在关注以上问题的基础上，安淑新（2018）提出高质量发展指标体系构建

的思路如下：首先是广泛借鉴已有成果。在构建指标体系的过程中，要广泛借鉴国内外比较成熟和广为接受的经济社会发展测评体系和最新研究成果，包括我国及许多发达国家学者在内的研究和评价国家现代化进程中创设的一系列指标体系、方法和逻辑等。比如，欧洲2020战略、日本新增长战略、韩国绿色增长战略、我国五年规划等指标体系，都是构建高质量发展评价体系重要的参照系，可以广为借鉴。其次是指标体系要多维度。高质量发展的一个根本性特征就是多维性，表现在战略方向上就是政策目标多元化。高质量发展的经济社会质态，不仅体现在经济领域，而且体现在更广泛的社会、政治和文化等领域，发展质量目标呈现多元化（金碚，2018）。再次是指标体系要体现动态性，高质量的发展从根本上说是为了满足人的能力全面发展的需要和要求，人对美好生活的需要是不断增长和变化的，人的一些需要满足了，又必然有新的更高的需要产生，永远不会达到完全满足的终点，因此，必须有更高质量的发展，而这也正是高质量发展永无止境的动因（金碚，2018）。因此，高质量发展指标体系要适应现代化发展进程，能在创新发展中对评价指标予以不断调整、不断修正。然后是注重淡化经济增速指标。高质量发展作为未来我国经济发展的根本要求，一定程度上意味着要淡化经济增长的数量要求，或者是速度要求，经济发展目标主要考量质量、效益是否能够提升，而不是达到什么速度（潘建成，2017）。高质量发展的指标体系要更加注重反映发展的质量、结构和效益，更加注重反映经济、政治、文化、社会、生态发展的变化情况，更加注重反映人民群众多样化的美好生活需求，彻底从GDP挂帅转为高质量发展挂帅，充分发挥指标体系的导向作用。最后是注重关注长远发展目标。从制定经济政策和实施宏观调控方面来看，将高质量发展作为根本要求，意味着将更多地从长远发展目标的实现，从建设现代化经济体系的角度，综合地、系统地制定政策，实施调控，而不必过度关注经济增长数量的短期波动。也就是说，经济运行的国内外环境是错综复杂的，对经济运行的短期影响是多方面的，需要关注的只是本质的、趋势性的因素，而不要过度关注偶然的、暂时的因素，即便这些因素带来的短期影响可能会比较明显（潘建成，2017）。

还有部分学者们对高质量发展的衡量与评价研究与五大发展理念紧密联系。张占斌（2018）认为，高质量发展的核心在于"质量"二字，总体目标是满足人民日益增长的美好生活需要。赵昌文（2017）提出应综合两个视角来对高质量发展核心内涵进行把握：一是通过识别经济社会发展中突出的不平衡、不充分问题，来界定高质量发展；二是坚持以人民为中心，以是否有利于解决新时代我国社会主要矛盾，是否有利于解决发展不平衡不充分问题，是否有利于满足人民日益增长的美好生活需要为根本标准，来判断是否是高质量发展。郭春丽（2018）认为，从更好满足居民日益增长的美好生活需要出发，产品和服务质量高是经济发展质量高的核心，而投入高质量生产要素则是产品和服务质量提高的基础；因此，可以从投入和产出角度考察经济发展质量。金碚（2018）通过经济学研究，指出新发展观，即创新、协调、绿色、开放、共享的五大发展理念，是对新时代高质量发展的新要求，同时也是高质量发展的评价准则。任保平（2018）提出新时代中国高质量发展的决定因素包括人口的质量与结构、资源环境的质量、资本积累的质量、技术进步质量、对外贸易质量和制度因素，同时谈到一个国家或地区的经济发展质量可以用投入产出效率的高低、结构的合理性、经济发展的潜力、可持续发展的程度、经济增长成果的分享程度等指标来综合衡量。

第四节　老龄事业高质量发展的定义和内涵

一、老龄事业高质量发展的定义

根据文献综述，本书将老龄事业定义为：政府为老年群体提供的与生活保障相关的各种制度、设施、物品、服务等一系列具体工作计划、目标和任务。老龄事业在性质上是社会公共管理的政府活动，是政府行为的一种体现，由国家财政开支，具有公益属性。

老龄事业发展的主要领域包括养老保障体系、老年医疗保健、老年社会服务、老年文化教育、老年人参与社会和老年权益保障等。从服务层次来说，老龄事业包含社会福利、社会保险与社会救助三个层次。老龄事业中的最低层次为社会救助，即为老人提供最低生活保障，如为城市"三无"老人和农村"五保"老人提供的救助。中间层次为社会保险层次，社会保险层次旨在保障老年人的基本生活需要，提高他们抗风险的能力。社会保险强调权利与义务的统一，要求参保人缴费是享受待遇的前提条件。最高层次为社会福利层次，该层次覆盖面最广，面向全体老年人，具有普惠性，旨在提高老年人的生活质量。

二、老龄事业高质量发展的内涵

我国人口老龄化的独特背景和中国特色社会主义发展经济学，为深刻理解新时代以人的全面发展为目标的高质量发展道路，进而正确界定老龄事业高质量发展内涵，提供理论和实践依据。学术界在梳理文献和总结发展实践的基础上，探索了老龄事业高质量发展内涵质的规定性与量的测度。一方面关注发展内涵的拓展，另一方面注重高质量发展内涵在特定发展领域的解释，围绕老龄事业发展的实践和现实问题，系统界定老龄事业高质量发展的内涵。

本质上，老龄事业的高质量发展要求我们建立多层次的服务体系，全面满足老年人的实际需求，推动实施全民参与的老龄政策，提高老年人的健康水平，改善他们的生活质量。首先，建立高质量老龄事业需要充足的经费保障；其次，要建立完善的社会养老制度，使老年人能够得到充足的照护服务，从而获得更高的生活质量；再次，要建立完善的医疗保障服务体系，为老年人的身心健康提供有效保障；最后，要建设全民参与的老龄社会，加强老年人与社会的互动，使老年人得到社会关爱和尊重。因此，本书将老龄事业高质量发展内涵界定为四个方面：高质量的经费保障、高质量的老年照护服务、高质量的健康医疗服务和高质量的老年社会参与。

（一）高质量的经费保障

老龄事业高质量发展意味着功能全面的老年社会保障体系。老龄事业高质量发展的基本目标是为老年社会建立一个更公平和可持续的社会保障体系。目前，我国的社会保障制度受到经济发展水平的制约，老龄事业项目发展存在不平衡问题，农村地区明显落后于城市地区。老龄事业高质量发展意味着建立与经济发展相适应的国家社会保障体系，为老年人制定财政支持政策。在衡量维度上，高质量的老龄事业不仅应包括基本社会养老保险、基本社会医疗保险等基本社会保障，还应包括老年人补贴制度、护理补贴制度等专门为老年人设计的财政补贴制度。

（二）高质量的老年照护服务

老龄事业高质量发展表现为高质量的老年照护服务。老年照护服务可以帮助老年人改善健康状况，缓解疾病症状，降低疾病发病率，提高生活质量，延长老年人的寿命，不仅关系到老年人的生活质量，也是老年健康产出的必要前提。高质量的老年照护服务系统拥有强大的社会护理服务网络，能提供日常生活援助、社区参与支持服务、心理慰藉服务等服务。老龄事业高质量发展要求养老服务设施覆盖全国地区，惠及全民；养老服务的供应不断增加，地区之间的差距持续缩小；为老年人提供护理服务的劳动力资源的数量和质量不断改善，老年人的照护服务需求得到满足的成就不断提升。

(三) 高质量的健康医疗服务

老龄事业高质量发展体现为高质量的健康支持体系，包括普通医疗服务和老年特定健康服务。健康医疗服务可以通过提供健康管理、疾病管理、生活支持服务以及护理服务等多种形式来实现老年健康照料。此外，老年健康医疗还可以通过提供护理服务、社会照顾服务和其他心理与社会支持服务来满足老年人的日常健康需求，以确保他们可以安全、舒适地生活。老龄事业高质量发展意味着公共卫生和医疗服务体系的不断改善，老年健康服务资源供应的不断增加，老年健康服务人才配置的改善，以及健康支持系统可及性的提升。比如，持续增强社区医疗服务能力，提供家庭护理床位，等等。老龄事业高质量发展的最终目标是更好地满足老年人的健康需求，进而提高老年人的健康水平。

(四) 高质量的老年社会参与

老龄事业高质量发展重视"以权利为基础"的积极老龄化导向，提倡老年人在社会活动中主动参与，进而提高老龄健康素养。国际社会在应对老龄化问题上，经历了从"成功老龄化""健康老龄化"转变为"积极老龄化"的过程。与"成功老龄化"和"健康老龄化"不同，"积极老龄化"理论不仅强调老人在生理、心理和社会功能上的健康状态，更在于将战略规划重点从"基于需求"转变为"争取权利"，进而改善老年人在健康、社会参与和社会保障方面的获得机会。因此，高质量的老龄事业发展应该对应高质量的老年人社会参与。老年人社会参与程度和水平越高，越有可能促进老年人的社会融合、心理健康和身体健康，代表着较高的老龄事业发展水平。

第五节 老龄事业高质量发展测度指标体系构建

根据老龄事业高质量发展的内涵，构建老龄事业发展质量评价指标体系，包括经费保障、老年照护服务、健康医疗服务和老年社会参与四个维度。这四个维度对应老龄事业高质量发展内涵的四个方面。首先，要考虑指标的可衡量性。在选择测度指标时，应参考已有研究（彭荣，2022；曾通刚、赵媛，2019），确保指标的可衡量性，以使结果可以经受进一步的定量比较和分析。其次，要考虑指标的可操作性。在选择测度指标时，应考虑指标收集工作，以及是否具备统一的口径。再次，要考虑指标的可比性。在选择测度指标时，应确保衡量指标的可比性,可以通过比较结果来衡量指标的变化。由于总量指标与总体单位数和总体的范围直接相关,而高质量发展更看重均衡和以人为本,因此选择结构指标、比例指标、强度指标、平均指标等作为测度指标的基本形式。

表3-1是本研究构建的老龄事业高质量发展综合评价指标体系,包括4个一级指标和19个二级指标。老年社会保障维度考虑了资金保障,主要涉及社会养老保险支出、公共卫生支出和老年人补贴。用人均社会养老保险支出来表示养老保险支出的水平。公共卫生支出包括两个指标:人均公共卫生支出和人均社会医疗保险支出。老年人补贴有三个指标:老年人获高龄补贴比重、老年人获护理补贴比重和老年人获养老补贴比重。

养老服务维度反映了机构护理和社区护理的设施水平和人力资源,包括6个具体指标:每千老年人口机构养老床位数、每千老年人口社区照料床位数、每千老年人口社区服务机构数、每千老年人口养老机构数、每千老年人口养老服务机构从业人员数、每千老年人口社区服务机构从业人员数。

医疗健康服务维度反映了为老年人提供卫生保健支持的条件,可以从医疗设施和医疗保健人力资源两个方面来衡量。医疗机构的床位数以每千老年人口医院床位数和每千老年人口医疗卫生机构床位数表示。医疗保健人力资源以每万人口卫生技术人员人数和注册护士占卫生技术人员比重来表示。

老年人的社会参与是通过老年人社会参与的平台和领域来反映老年人参与经济、文化、社会活动的情况。包括三个具体指标:每千老年人口老年人学校数、老年活动中心(室、站)千人覆盖率、每千老年人口老人文化专场次数。

表3-1 老龄事业高综合评价指标体系

一级指标	二级指标	计算公式	单位
老年社会保障	人均社会养老保险支出	基本养老保险支出/退休职工人数	元/人
	人均公共卫生支出	(政府卫生支出+社会卫生支出)/总人口数	元/人
	人均社会医疗保险支出	基本医疗保险支出/参保人数	元/人
	老年人获高龄补贴比重	接受高龄补贴的老年人口数/总老年人口数×100人	%
	老年人获护理补贴比重	接受护理补贴的老年人口数/总老年人口数×100人	%
	老年人获养老补贴比重	接受养老补贴的老年人口数/总老年人口数×100人	%

续表 3-1

一级指标	二级指标	计算公式	单位
老年照护服务	每千老年人口机构养老床位数	养老机构护理床位数/总老年人口数×1000	床/千人
	每千老年人口养老机构数	养老机构数/总老年人口数×1000	机构/千人
	每千老年人口养老服务机构从业人员数	养老机构从业人员数/总老年人口数×1000	从业人员/千人
	每千老年人口社区照料床位数	社区照料床位数/总老年人口数×1000	床/千人
	每千老年人口社区服务机构数	社区服务机构数/总老年人口数×1000	机构/千人
	每千老年人口社区服务机构从业人员数	社区服务机构从业人员数/总老年人口数×1000	从业人员/千人
医疗健康服务	每千老年人口医院床位数	医院床位数/总老年人口数×1000	床/千人
	注册护士占卫生技术人员比重	注册护士人数/卫生技术人员人数×100	%
	每万人口卫生技术人员数	卫生技术人员人数/总人口×10000	技术人员/万人
	每千老年人口医疗卫生机构床位数	医疗卫生机构床位数/总老年人口数×1000	床/千人
老年社会参与	每千老年人口老年人学校数	老年学校数/总老年人口数×1000	学校/千人
	老年活动中心（室、站）千人覆盖率	老年活动中心（室、站）数/总老年人口数×1000	中心/千人
	每千老年人口老人文化专场次数	老人文化专场次数/总老年人口数×1000	场次/千人

第四章 我国老龄事业高质量发展空间格局与驱动因素研究

为了推进老龄事业高质量发展，有必要开展老龄事业高质量发展评价，进而识别地区差距及影响因素。本章将利用第三章构建的老龄事业高质量发展测度指标体系，对所收集的 2013—2019 年我国 31 个省（自治区、直辖市）的面板数据，采用熵权法测算老龄事业高质量发展水平，并分析其空间格局；同时，通过构建空间面板回归模型，分析人口老龄化、经济发展和数字技术对老龄事业高质量发展的影响。

第一节 老龄事业高质量发展的动力来源

创新性是高质量发展的重要特性，既是实现高质量发展的第一动力，也是重要标志。创新驱动发展战略就是要不断推进理论、制度、技术和文化等各方面的持续创新。

（一）理念创新推动老龄事业高质量发展

理念创新通过革除旧有的既定看法和思维模式，以新的视角、新的方法、新的思维模式，形成新的结论、新的思想观点，进而用于指导新的实践。理念是行动的先导，积极应对人口老龄化，首先要从理念转变开始。2015 年世界卫生组织首先发布了《关于老龄化与健康的全球报告》，提出要通过理念变革，积极应对老龄化。当前，我国正从高增长阶段转入高质量发展阶段，新时代健康老龄化、积极老龄化战略，对老龄事业发展提出了新要求。世界卫生组织关于老龄化与健康的新观念与政策方向对于我国老龄事业发展有许多启示与借鉴。

理念创新是老龄事业高质量发展的动力来源，通过探索老龄事业发展新理念，促进健康老龄化、积极老龄化，推动老龄事业高质量发展。

(二) 制度创新推动老龄事业高质量发展

制度创新是创新的前提，是社会政治、经济和管理等制度的革新，是支配人们行为和相互关系的规则的变更，其直接结果是激发人们的创造性和积极性，促使新的知识不断被创造，社会资源的配置更趋合理，以及社会财富源源不断地涌现，并最终推动社会的进步。之所以会出现制度创新，是因为人们能够预期到创新的净收益大于创新的成本，而在现有的制度框架下这些收益是无法实现的，唯有通过主动地、人为地改变现有制度中阻碍创新的因素，才能获得未来的预期收益。制度创新决定技术创新。制度环境的改善会鼓励创新，创新促使个体收益率接近社会收益率。制度创新包括经济制度创新、经济体制创新和发展模式创新。推动老龄事业高质量发展的制度创新动力包括创新老龄事业发展的制度环境、开放养老服务市场，创新养老模式、养老服务理念，创新养老金融，创新养老、医疗、护理保险制度等方面。

(三) 技术创新推动老龄事业高质量发展

数字经济对老龄事业高质量发展具有明显促进效应。要实现老龄事业高质量发展，各地政府应引导政策偏好，推进数字经济发展，针对不同地区制定差异化的数字经济发展战略，充分发挥数字经济红利。首先，加快数字经济发展，持续完善传统生产要素和数字基础设施，注重数字经济发展的均衡性，针对各省份数字经济的发展显著差异打造差异化的提升战略；注重数字技术和老龄事业高质量深度融合发展，尤其要重视大数据、智慧养老、物联网等新技术与老龄事业的融合，为赋能老龄事业高质量发展提供更多的动能支持。其次，大力推进我国数字产业化，促进产业数字化。技术创新作为数字经济发展的重要内容，可为数字经济赋能老龄事业高质量发展提供强大动能，应充分利用数字技术优势，强化老龄事业高质量发展的数字技术应用，一方面，壮大数字技术及产业，做大我国数字经济规模，推进数字产业化和老龄事业高质量发展融合；另一方面，加强老龄事业高质量发展的数字化水平，提升社会养老的数字化和智能化。最后，数字经济赋能老龄事业高质量发展具有区域异质性，东部高水平区的数字经济赋能更加显著，应根据地区数字经济发展水平和比较优势，制定差异化发展政策，因地制宜挖掘地区特点，打造可持续的数字经济发展模式。其中，中西部地区应结合当地经济发展水平，完善数字经济基础设施，对数字经济产业进行重点布局，提高数字产业法的利用率；东部地区应充分发挥数字经济的拉动效应，基于数字技术领先优势，突破我国数字经济技术关键瓶颈，注重数字经济和老龄事业整合，引领老龄事业高质量发展和数字经济融合的浪潮。

（四）文化创新推动老龄事业高质量发展

文化创新是社会实践发展的必然要求，其根本目的是推动社会实践的发展，促进人的全面发展。老龄事业是为了提高老年人整体福利水平的社会活动和社会服务。老龄事业以文化创新为动力来源，应该全面理解新时代老年人多层次、多元化的需求，重视老年群体精神生活需要，大力发展适应老龄社会要求的多元文化。通过创新老龄文化，践行文化养老，让老年群体参与文化建设，从文化上塑造理想老龄社会。

第二节 理论分析与研究假设

一、人口老龄化与老龄事业高质量发展

2021年，《中华人民共和国国民经济和社会发展第十四个五年规划和2035年远景目标纲要》就积极应对人口老龄化做出重要部署。其中，包括进一步完善社会保障体系，推进社会养老服务体系建设，为老年人参与社会生活和社会发展提供机会和条件。这些部署及目标任务与第三章阐述的老龄事业高质量发展的核心要义保持高度一致。因此，人口老龄化是推动老龄事业高质量发展的主要驱动力。在供给能力保持不变的情况下，人口老龄化可能导致较低的老龄事业发展水平。基于此，本节提出如下研究假设。

假设1：人口老龄化对老龄事业高质量发展存在负面影响。

二、经济发展与老龄事业高质量发展

经济发展是增进人民福祉的物质基础。经济发展不仅可以为养老事业发展提供资金支持，还可以为社会保障基金的循环提供充分保证，增进老年人社会福祉。此外，经济发展同样刺激了公共服务领域的投资，使以政府为主导的基本养老服务得到长足发展，老龄事业的发展质量进一步提高。这意味着，经济发展水平越高，老龄事业的高质量发展水平越高。基于此，本节提出如下研究

假设。

假设2：经济发展对老龄事业高质量发展存在正面影响。

三、数字技术发展与老龄事业高质量发展

随着我国人口老龄化程度的加深，劳动力的供给逐渐下降，同时经济增长越来越依赖于创新驱动，而非传统的资本与劳动密集投入（Dollar and Huang，2020）。在老龄事业方面，数字技术的应用推动了公共服务体系的完善与进一步发展（Liu 等，2021）。数字城市、5G 应用等数字技术的推广，驱动了养老基础设施的升级，进一步优化了社会养老服务供给，刺激了老年人的社会参与（He 等，2020；Sun 等，2020）。数字技术正逐步成为老龄事业高质量发展的新生动力。数字技术发展水平越高，养老服务的供给和融资效率就越高。基于此，本节提出如下研究假设。

假设3：数字技术对老龄事业高质量发展存在正面影响。

四、政策驱动与老龄事业高质量发展

2021 年，国务院发布的《"十四五"国家老龄事业发展和养老服务体系规划》指出，我国老龄事业由政府的一系列政策和措施构成，旨在为老年人提供医疗保障和社会参与机会，让老年人老有所养、老有所为、老有所乐。随着我国经济增长已由高速增长阶段转向高质量发展阶段，推动老龄事业的高质量发展，为老年人提供更高质量的养老服务与政策支持势在必行。各级政府部门应加大对老龄事业的投入，发挥政府主导作用，引导资金更多地流向老龄产业，助力老龄事业的健康高质量发展。由于政策通常与经济增长、数字技术等因素之间存在一定程度上的因果关系，为避免研究出现伪因果的情况，在实证研究中不包含政策因素指标。

第三节 数据来源与模型构建

一、数据来源与预处理

本节研究所用数据源自 2014—2020 年《中国民政统计年鉴》《中国统计年鉴》《中国卫生统计年鉴》和《中国文化文物统计年鉴》。本研究获得的数据，

空间地理范围包括中国 31 个省级行政区。数据的时间跨度为 2013 年至 2019 年，缺失值比例小于 4%。对于缺失的数据，本研究采用最近邻插值法进行补全，以确保数据的连续性。如果有上一个数据点和下一个数据点，则用上一个数据点和下一个数据点的算术平均值填补缺失值；否则，使用上一个或下一个位置的数据以相同的值填补缺失值。本研究主要使用软件 Excel 2016 和 Stata 17 处理和分析数据，利用软件 ArcGIS 10.2 绘制散点图。

二、熵权综合评价方法

本节采用熵权法算老龄事业高质量发展水平综合指数。熵权法是一种客观加权法，通过对信息熵的计算来提取数据中的非混杂信息，以此来提高信息的可信度（Shannon，1948）。熵权法避免了主观因素的干扰，保证了其在多指标综合评价方面的客观性，比主观多指标合成方法更加可靠（Ding 等，2016）。该方法已被广泛应用于可持续发展和高质量发展的综合评价。

在 2013—2019 年各个年份数据中，通过重复以下步骤计算各省份老龄事业综合发展水平。

第一，对原始数据 Z_{ij} [下标 i（$i=1,2,\cdots,18$）代表第 i 个指标，下标 j（$j=1,2,\cdots,31$）代表第 j 个省份] 进行标准化处理，得到 Z'_{ij}，以剔除维度和量级的影响。具体计算公式为，对于正项指标，$Z'_{ij} = \dfrac{Z_{ij} - \min Z_{ij}}{\max Z_{ij} - \min Z_{ij}}$；对于负向指标，$Z'_{ij} = \dfrac{\max Z_{ij} - Z_{ij}}{\max Z_{ij} - \min Z_{ij}}$。

第二，通过以下公式计算指标 i 的信息熵 E_i 和权重 W_i：

$$E_i = -k \sum_{j}^{31} f_{ij} \ln(f_{ij})$$

$$W_i = \dfrac{1 - E_i}{18 - \sum_{i=1}^{18} E_i}$$

其中，$f_{ij} = \dfrac{Z'_{ij}}{\sum_{j=1}^{31} Z'_{ij}}$，$k = \dfrac{1}{\ln 31}$，当 $f_{ij} = 0$ 时，$f_{ij} \ln(f_{ij}) = 0$。

第三，加权合成老龄事业高质量发展的综合指数，公式如下：

$$Y_j = \sum_i W_i Z'_{ij}$$

Y_j 的值越大，表示该省的老龄事业高质量发展水平越高；反之，表示该省的老龄事业高质量发展水平越低。

三、空间分析方法

(一) 空间特征分析

为深入探讨我国老龄事业高质量发展的空间特征，本研究利用 ArcGIS 软件对老龄事业高质量发展水平综合指数进行可视化处理。采用自然断点分级法（Jenks，1967）将 31 个省级行政区域划分为 4 类：低水平区、中低水平区、中高水平区和高水平区。自然断点分级法可以将相似值进行最恰当的分组，以确保组间差异显著、组内差异较小（Jenks，1967），这是统计分类中应用最广泛的一种分类方法（Sameen 等，2020）。

(二) 空间自相关检验

空间相关性反映了区域间的空间联系，不同区域间的距离越近，其相似度越高，从而呈现出空间集聚现象。地理学第一定律表明，万事万物皆存在联系，两个事物之间的距离越近，其相关性就越强（Tobler，1970）。相关研究表明，高质量发展存在省际空间集聚性（Shen 等，2022；Hong 等，2022；Chen 等，2022；Liu 等，2021）。空间自相关检验可用于验证老龄事业高质量发展是否存在空间相关性。全局莫兰指数（Global Moran's I）通常用于检验变量的空间自相关性（Anselin 等，1995）。全局莫兰指数的计算方法如下：

$$\text{Global Moran's I} = \frac{N \sum_{i=1}^{N} \sum_{j=1}^{N} W_{ij} (y_i - \bar{y})(y_j - \bar{y})}{\sum_{i=1}^{N} (y_i - \bar{y})^2}$$

其中，N 表示空间区域的数量；y_i 和 y_j 表示变量 y 在区域 i 和 j 中的观测值；$\bar{y}$ 表示变量 y 的平均值；W_{ij} 表示空间权重矩阵。

在构建空间权重矩阵时，可以使用连续指标来描述空间对象之间的关系，如欧氏距离；也可以使用离散指标来描述空间对象之间的关系，如邻接关系。衡量邻接关系的定义如下：当两个空间区域有共同边界时，其值为 1；否则，其值为 0。与距离矩阵相比，一方面，邻接矩阵能更加直观地表示空间区域之间的邻接关系，其值为 0 或 1；另一方面，邻接矩阵计算效率高，便于矩阵运算和图论算法的应用和优化（Anselin 等，2006）。本研究采用邻接 0 – 1 矩阵。S_0 是空间权重矩阵所有元素之和。

Global Moran's I 值范围为 [-1, 1]，正值代表正空间自相关，负值代表负空间自相关，0 代表空间随机分布。绝对值越大，空间相关性越强。当空间自相关检验结果显示观测对象之间存在空间相关性时，则需要建立空间面板模型来进一步度量空间相关性。

局部莫兰指数（Local Moran's I）反映了一个省份与邻近省份之间是否存在空间自相关性。局部莫兰指数的计算方法如下：

$$\text{Local Moran's I} = \frac{y_i - \bar{y}}{S_i^2} \sum_{j=1, j\neq i}^{N} W_{ij}(y_i - \bar{y})$$

其中，$S_j^2 = \frac{\sum_{j=1, j\neq i}^{N} W_{ij}}{N-1} - \bar{y}^2$，其他变量的定义与全局莫兰指数相同。

Local Moran's I 可以用莫兰散点图来表示。莫兰散点图将观测值分为 4 类：第一、第二、第三和第四象限，分别对应区域的高 - 高集聚、低 - 高集聚、低 - 低集聚和高 - 低集聚现象。

（三）空间面板模型

空间面板模型实际上是面板数据与空间矩阵相结合的线性回归模型。与普通面板模型相比，空间面板模型引入了空间权重矩阵来定义观察区域之间的相关程度，从而考察区域间的空间相关性。如果空间自相关检验结果表明存在空间自相关性，则说明空间计量经济模型优于普通面板模型（Anselin 等，2006）。本研究择取的因变量是老龄事业高质量发展水平。根据本章第二节的理论分析，自变量包含经济发展、人口老龄化和数字技术。参考相关文献，结合数据可得性，选取了 6 个变量作为自变量。参考相关文献的做法，我们使用人均 GDP 和第三产业比重作为衡量经济发展的指标（曾通刚、赵媛，2019），用数字产业固定资产投资额和数字产业从业人数作为衡量数字技术发展的指标（Chen and Liu，2022）。老年人口抚养比和老年人口比重是反映人口老龄化的常用指标（Wang 等，2021）。因变量和自变量的描述性统计如表 4 - 1 所示。

表 4 - 1 变量的描述性统计

变量	样本量	均值	标准差	最小值	最大值
老龄事业高质量发展水平的对数	217	-1.585	0.428	-2.722	-0.474
人均 GDP	217	5.762	2.687	2.315	16.422
第三产业比重	217	48.256	9.067	32.000	83.500
老年抚养比	217	14.416	3.403	7.010	23.820
老年人口比重	217	10.407	2.521	4.158	16.131
数字产业固定资产投资额的对数	217	4.879	0.987	1.253	6.497
数字产业从业人员的对数	217	1.945	1.106	-0.816	4.453

空间回归模型用于检验老龄事业高质量发展的驱动因素。空间误差模型（SEM）、空间自回归模型（SAR）、空间杜宾模型（SDM）和空间自相关模型（SAC）均为常用的空间计量经济模型（Mcgarry，2022）。表示如下：

$$y_{it} = \beta x_{it} + \lambda W\mu_{it} + \varepsilon_{it} \quad \text{(SEM)}$$

$$y_{it} = \rho W y_{it} + \beta x_{it} + \varepsilon_{it} \quad \text{(SAR)}$$

$$y_{it} = \rho W y_{it} + \beta x_{it} + \theta W x_{it} + \varepsilon_{it} \quad \text{(SDM)}$$

$$y_{it} = \rho W y_{it} + \beta x_{it} + \lambda W\mu_{it} + \varepsilon_{it} \quad \text{(SAC)}$$

其中，y_{it}代表第t年第i个省的老龄事业高质量发展水平；向量x_{ij}代表自变量；λ，ρ和θ为空间自回归系数；β是回归系数；W是邻接0－1矩阵；为验证SAC模型的稳健性，给出基于地理距离矩阵的SAC模型估计结果。Wy_{it}和Wx_{it}均为空间滞后变量；$W\mu_{it}$是空间滞后误差项；ε_{it}是误差项。

本研究通过拉格朗日乘子检验（LM）、似然比检验（LR）和沃尔德检验（Wald）对SDM模型、SEM模型和SAR模型进行比较，以选择最优的模型。对于SDM和SAC的比较，我们通常使用赤池信息量准则（akaike information criterion，AIC）、贝叶斯信息量准则（bayesian information criterion，BIC）和R-square等指标。一般而言，AIC或BIC值越低，R方值越高，模型越好。Hausman检验则用于确定固定效应或随机效应。

第四节　老龄事业高质量发展的空间格局分析

一、老龄事业高质量发展水平测算结果

表4－2是2013—2019年我国31个省级行政区老龄事业高质量发展水平测算结果。从表中可以看出，我国老龄事业高质量发展水平的均值从2013年的0.212上升到2017年的0.248，2019年又下降到0.220，整体处于较低水平。同时，省级地区之间发展水平差异非常大，最小值为0.066，最大值为0.622。以2013—2019年的高质量发展水平平均值为例，北京（0.554）和上海（0.530）的老龄事业高质量发展处于领先地位，与第三名（浙江，0.346）、第四名（江苏，0.332）和第五名（西藏，0.300）相比优势明显；河南（0.127）、广西（0.120）、吉林（0.115）相对落后，排在最后三名。比较我国东、中、西部三个地区，我们发现东部地区的年均高质量发展水平值最高（0.292），西部地区次之（0.215），中部地区最低（0.151）。在2013年至2019年期间，东、中、

西部三个地区之间的变异系数从 0.481 上升到 0.498，这表明我国老龄事业高质量发展的地区差距略有扩大。

表 4-2　老龄事业高质量发展水平测算结果

省级行政区	2013 年	2014 年	2015 年	2016 年	2017 年	2018 年	2019 年	均值	排名
北京	0.547	0.510	0.508	0.588	0.622	0.558	0.546	0.554	1
上海	0.512	0.584	0.528	0.565	0.503	0.515	0.501	0.530	2
浙江	0.318	0.366	0.312	0.345	0.360	0.373	0.350	0.346	3
江苏	0.270	0.299	0.304	0.343	0.347	0.383	0.375	0.332	4
西藏	0.274	0.263	0.390	0.353	0.354	0.241	0.224	0.300	5
青海	0.254	0.218	0.222	0.269	0.293	0.399	0.426	0.297	6
贵州	0.205	0.294	0.375	0.304	0.321	0.267	0.208	0.282	7
福建	0.229	0.229	0.272	0.301	0.323	0.300	0.288	0.277	8
广东	0.233	0.255	0.236	0.256	0.309	0.301	0.253	0.263	9
新疆	0.215	0.234	0.235	0.271	0.282	0.275	0.194	0.244	10
天津	0.262	0.227	0.202	0.225	0.244	0.235	0.189	0.226	11
四川	0.129	0.193	0.210	0.303	0.283	0.253	0.212	0.226	12
宁夏	0.192	0.200	0.188	0.212	0.298	0.249	0.221	0.223	13
陕西	0.218	0.205	0.209	0.222	0.258	0.226	0.211	0.221	14
山东	0.261	0.237	0.218	0.226	0.267	0.169	0.162	0.220	15
内蒙古	0.176	0.154	0.172	0.201	0.227	0.228	0.216	0.196	16
山西	0.196	0.205	0.176	0.206	0.198	0.160	0.139	0.183	17
湖北	0.151	0.158	0.167	0.197	0.180	0.205	0.197	0.179	18
河北	0.243	0.151	0.179	0.159	0.167	0.163	0.139	0.172	19
云南	0.175	0.162	0.166	0.179	0.193	0.155	0.152	0.169	20
辽宁	0.176	0.178	0.152	0.163	0.169	0.158	0.125	0.160	21
黑龙江	0.152	0.123	0.199	0.173	0.113	0.191	0.136	0.155	22

续表 4-2

省级行政区	2013 年	2014 年	2015 年	2016 年	2017 年	2018 年	2019 年	均值	排名
安徽	0.140	0.143	0.129	0.141	0.182	0.178	0.161	0.153	23
湖南	0.162	0.136	0.134	0.140	0.181	0.163	0.144	0.151	24
甘肃	0.158	0.146	0.143	0.156	0.132	0.177	0.146	0.151	25
江西	0.156	0.140	0.121	0.153	0.131	0.158	0.172	0.147	26
重庆	0.132	0.114	0.118	0.157	0.165	0.181	0.164	0.147	27
海南	0.120	0.120	0.104	0.135	0.161	0.167	0.105	0.130	28
河南	0.107	0.120	0.119	0.114	0.122	0.133	0.177	0.127	29
广西	0.125	0.066	0.097	0.123	0.123	0.156	0.147	0.120	30
吉林	0.082	0.083	0.071	0.118	0.164	0.143	0.141	0.115	31
东部地区	0.288	0.287	0.274	0.301	0.316	0.302	0.276	0.292	1
西部地区	0.188	0.187	0.210	0.229	0.244	0.234	0.210	0.215	2
中部地区	0.143	0.139	0.139	0.155	0.159	0.166	0.159	0.151	3
全国均值	0.212	0.210	0.215	0.235	0.248	0.241	0.220	0.226	—
变异系数	0.481	0.534	0.517	0.490	0.461	0.444	0.498	0.469	—

注：按照国家统计局对三大经济带的划分，东部地区包括：北京、天津、河北、辽宁、上海、江苏、浙江、福建、山东、广东与海南 11 个省级行政区；中部地区包括：山西、吉林、黑龙江、安徽、江西、河南、湖北与湖南 8 个省级行政区；西部地区包括：内蒙古、广西、重庆、四川、贵州、云南、陕西、甘肃、青海、西藏、宁夏与新疆 12 个省级行政区。

二、老龄事业高质量发展空间格局

基于上述测算结果，采用自然断点法将 2013 年和 2019 年我国老龄事业高质量发展水平划分为低水平区、中低水平区、中高水平区、高水平区四个等级。借助 ArcGIS 软件对老龄事业高质量发展空间格局进行可视化处理，整理得到老龄事业高质量发展的空间分布统计结果，如表 4-3 所示。

表4-3 2013年和2019年老龄事业高质量发展的空间分布统计

年份	分区	省级行政区域	地区统计
2013	高水平区	北京市（东部）、上海市（东部）	东部地区（2） 中部地区（0） 西部地区（0）
	中高水平区	天津市（东部）、河北省（东部）、山东省（东部）、江苏省（东部）、浙江省（东部）、福建省（东部）、广东省（东部）、陕西省（西部）、青海省（西部）、新疆维吾尔自治区（西部）、西藏自治区（西部）	东部地区（7） 中部地区（0） 西部地区（4）
	中低水平区	辽宁省（东部）、黑龙江省（中部）、山西省（中部）、湖北省（中部）、江西省（中部）、湖南省（中部）、贵州省（西部）、云南省（西部）、甘肃省（西部）、内蒙古自治区（西部）、宁夏回族自治区（西部）	东部地区（1） 中部地区（5） 西部地区（5）
	低水平区	海南省（东部）、吉林省（中部）、河南省（中部）、安徽省（中部）、重庆市（西部）、四川省（西部）、广西壮族自治区（西部）	东部地区（1） 中部地区（3） 西部地区（3）
2019	高水平区	北京市（东部）、上海市（东部）、江苏省（东部）、浙江省（东部）、青海省（西部）	东部地区（4） 中部地区（0） 西部地区（1）
	中高水平区	广东省（东部）、福建省（东部）、陕西省（西部）、四川省（西部）、贵州省（西部）、内蒙古自治区（西部）、宁夏回族自治区（西部）、西藏自治区（西部）	东部地区（2） 中部地区（0） 西部地区（6）
	中低水平区	天津市（东部）、山东省（东部）、河南省（中部）、安徽省（中部）、湖北省（中部）、江西省（中部）、重庆市（西部）、新疆维吾尔自治区（西部）	东部地区（2） 中部地区（4） 西部地区（2）
	低水平区	河北省（东部）、辽宁省（东部）、海南省（东部）、黑龙江省（中部）、吉林省（中部）、山西省（中部）、湖南省（中部）、云南省（西部）、甘肃省（西部）、广西壮族自治区（西部）	东部地区（3） 中部地区（4） 西部地区（3）

注：按照中国国家统计局对三大经济带的划分，东部地区包括：北京、天津、河北、辽宁、上海、江苏、浙江、福建、山东、广东与海南11个省级行政区；中部地区包括：山西、吉林、黑龙江、安徽、江西、河南、湖北与湖南8个省级行政区；西部地区包括：内蒙古、广西、重庆、四川、贵州、云南、陕西、甘肃、青海、西藏、宁夏与新疆12个省级行政区。

表 4-3 展示了 2013 年和 2019 年我国老龄事业高质量发展的空间分布格局。2013 年，将近 60% 的省级行政区处于低水平或中低水平，只有两个地区（北京和上海）处于高水平，且两个高水平地区均分布在东部地区。中高水平地区主要分布在东部和西部地区。老龄事业高质量发展呈现"核心—外围"的空间格局，核心为两个高水平地区，中高水平地区环绕核心地区分布。

2019 年，高水平地区增至 5 个，低水平区和中低水平区的比重为 58.06%，与 2013 年相同。与 2013 年有所差异的地方在于，2019 年形成了以青海（位于中国西部）和上海（位于中国东部）为双核心的空间格局。此外，2019 年我国老龄事业高质量发展水平由东向西呈现"高—低—高"的态势，形成"东—中—西"的 V 型格局。

三、老龄事业高质量发展空间演化特征

表 4-2 的测算结果表明，我国老龄事业的高质量发展水平正在缓慢上升。老龄事业本质上是政府进行社会公共管理的行为，其发展依赖于政府规划和政策支持。我国老龄事业的高质量发展仍处于较低水平，综合水平值处于最低四分位。相关文献表明（曾通刚、赵媛，2019），当低水平和中低水平的比例相对较高时，我国老龄事业的高质量发展可以被认为处于较低水平。

表 4-3 表明，我国老龄事业的高质量发展存在较大的空间差异。东部经济发达地区和西部政策扶持地区的老龄事业高质量发展水平高于中部地区。这一结论与现有文献（曾通刚、赵媛，2019）的研究结果一致，尽管其构建的老龄事业高质量发展的指标体系与本研究不同。东部地区老龄事业的高质量发展水平最高，其原因可能是东部地区经济最为发达，能够为老龄事业提供强有力的资金支持。同时，东部地区的服务业最为发达，对养老服务的提供有一定程度的促进作用。西部地区老龄事业的高质量发展水平相对较高的原因是国家养老产业政策的扶持和西部地区人口老龄化程度较低。从空间演化趋势来看，东部地区由 2013 年的两个中心集聚演化为 2019 年的四个中心集聚，西部地区由 2013 年的零中心集聚演化为 2019 年的一个中心集聚，这反映了东西部地区老龄事业高质量发展的动态演化。

第五节 老龄事业高质量发展的驱动因素分析

一、空间自相关性

表 4-4 为空间自相关检验的结果。除 2015 年和 2017 年的 P 值大于 0.05 外,其他年份的 P 值均在 0.05 的检验水平之下,且显著为正,这说明老龄事业高质量发展具有显著的空间正相关性。因此,应采用空间计量模型对老龄事业高质量发展的空间效应进行实证分析。

表 4-4 2013—2019 年老龄事业高质量发展全局莫兰指数

年份	2013	2014	2015	2016	2017	2018	2019
指数值	0.286	0.239	0.142	0.191	0.130	0.217	0.173
P 值	0.005***	0.027**	0.073*	0.039**	0.070*	0.024**	0.049**

注:*、**和***分别代表 0.1、0.05、0.01 的显著性水平。

表 4-5 展示了 2013 年、2016 年和 2019 年各省份老龄事业高质量发展综合指数的聚类类型。高-高集聚主要分布在东部地区,低-低集聚主要分布在中西部地区。莫兰散点图如图 4-1 所示,第一象限代表高-高集聚区,第二象限代表低-高集聚区,第三象限代表低-低集聚区,第四象限代表高-低集聚区。从图 4-1 可以看出,大多数省级行政区都处于低-低聚类区。

表 4-5 老龄事业高质量发展集聚分布统计

年份	类型	省级行政区	地区统计
2013	高-高集聚	北京、福建、河北、江苏、上海、天津、浙江、新疆	东部地区(7) 西部地区(1)
	高-低集聚	广东、山东、青海、陕西、西藏	东部地区(2) 西部地区(3)
	低-高集聚	无	无
	低-低集聚	海南、辽宁、重庆、甘肃、广西、贵州、内蒙古、宁夏、四川、云南、安徽、黑龙江、河南、湖北、湖南、江西、吉林、山西	东部地区(2) 西部地区(8) 中部地区(8)

续表 4-5

年份	类型	省级行政区	地区统计
2016	高-高集聚	福建、江苏、上海、浙江、青海、新疆、西藏	东部地区（4） 西部地区（3）
	高-低集聚	北京、广东、贵州、四川	东部地区（2） 西部地区（2）
	低-高集聚	河北、天津、甘肃、云南	东部地区（2） 西部地区（2）
	低-低集聚	海南、辽宁、山东、重庆、广西、内蒙古、宁夏、陕西、安徽、黑龙江、河南、湖北、湖南、江西、吉林、山西	东部地区（3） 西部地区（5） 中部地区（8）
2019	高-高集聚	福建、江苏、上海、浙江、西藏	东部地区（4） 西部地区（1）
	高-低集聚	北京、广东、宁夏、青海	东部地区（2） 西部地区（2）
	低-高集聚	河北、天津、甘肃、新疆、安徽、江西	东部地区（2） 西部地区（2） 中部地区（2）
	低-低集聚	海南、辽宁、山东、重庆、广西、贵州、内蒙古、陕西、四川、云南、黑龙江、河南、湖北、湖南、吉林、山西	东部地区（3） 西部地区（7） 中部地区（6）

注：按照中国国家统计局对三大经济带的划分，东部地区包括：北京、天津、河北、辽宁、上海、江苏、浙江、福建、山东、广东与海南11个省级行政区；中部地区包括：山西、吉林、黑龙江、安徽、江西、河南、湖北与湖南8个省级行政区；西部地区包括：内蒙古、广西、重庆、四川、贵州、云南、陕西、甘肃、青海、西藏、宁夏与新疆12个省级行政区。

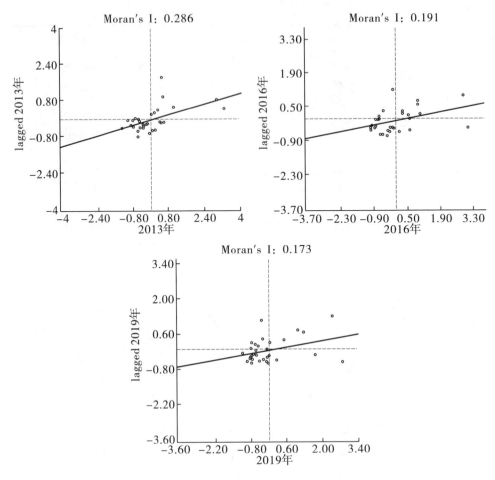

图 4-1 莫兰散点图

表 4-6 为 SEM、SAR 和 SDM 模型选择的相关检验结果。稳健 LM 误差检验和稳健 LM 滞后检验均显著，这表明 SEM 和 SAR 都是合适的。LR 检验和 Wald 检验显著拒绝了 SDM 可以退化为 SEM 或 SAR 的零假设，这表明 SDM 优于 SEM 和 SAR。Hausman 检验在 5% 的显著性水平上拒绝了零假设，因此选择固定效应。为了进一步比较 SDM 和 SAC，表 4-7 列出了 R-Square、AIC 和 BIC 等统计量。不难看出，基于邻接矩阵的 SAC1 模型的 R 方相对较高，AIC 和 BIC 值较低，这表明它优于 SDM 模型和基于地理距离矩阵的 SAC2 模型。

表4-6 空间模型选择检验结果

检验类型	检验假设	统计量	P值
LM 检验	SEM（不存在空间误差效应）	19.118**	0.000
	Robust SEM（不存在空间误差效应）	25.912***	0.000
	SAR（不存在空间自回归效应）	1.320	0.251
	Robust SAR（不存在空间自回归效应）	8.115**	0.004
LR 检验	SDM 可退化为 SAR	32.760***	0.000
	SDM 可退化为 SEM	31.680***	0.000
Wald 检验	SDM 可退化为 SAR	31.020***	0.000
	SDM 可退化为 SEM	23.600***	0.000
Hausman 检验	SAR（固定效应 vs 随机效应）	15.330*	0.032
	SEM（固定效应 vs 随机效应）	16.480*	0.021
	SDM（固定效应 vs 随机效应）	38.850***	0.000

注：*、**和***分别代表0.1、0.05、0.01的显著性水平。

二、空间面板模型实证分析结果

表4-7为基于省际面板数据的普通面板模型（OLS）和五个空间面板模型的估计结果。从表4-7可以看出，在SAC1模型中，空间自回归系数为0.746，并通过了0.01的显著性检验，这说明观察地区的老龄事业高质量发展对其邻近地区的老龄事业高质量发展有显著的正向影响。SEM、SAR、SDM和SAC2模型的空间自回归系数均为正，说明空间相关性在不同模型下依旧是稳健的。SAC1模型中的残差滞后项系数为-0.702，也通过了0.01的显著性检验。

根据表4-7中SAC1模型的估计结果，人均GDP（系数=0.036，P值=0.006）、第三产业占比（系数=0.018，P值=0.000）和数字产业固定投资额的对数（系数=0.028，P值=0.084）与老龄事业高质量发展之间存在显著的正相关关系。SEM模型和SAR模型的结果与SAC模型的结果一致。经济水平和数字技术越高，老龄事业质量发展水平越高，说明地方经济和数字技术的发展能显著促进地方老龄事业的高质量发展。60岁以上老年人口比例（系数=-0.081，P值=0.000）与老龄事业发展质量水平呈显著负相关，说明老龄化程度的加深，会降低该地区老龄事业发展质量。综上所述，空间面板模型的结果验证了假设1、假设2和假设3。

表4-7 空间模型估计结果

	变量	OLS	SEM	SAR	SDM	SAC1	SAC2
空间滞后项	Rho			0.148**	0.235***	0.746***	0.739***
				(0.072)	(0.058)	(0.086)	(0.153)
	Lambda		0.300***			-0.702***	-0.487
			(0.061)			(0.173)	(0.567)
经济因素	人均GDP	0.034**	0.038**	0.033**	0.049**	0.036***	0.034**
		(0.016)	(0.012)	(0.014)	(0.021)	(0.013)	(0.014)
	第三产业占比	0.023***	0.023***	0.022***	0.020***	0.018***	0.022***
		(0.004)	(0.005)	(0.005)	(0.006)	(0.005)	(0.006)
人口老龄化因素	老年抚养比	-0.003	0.001	0.002	-0.004	0.006	-0.002
		(0.012)	(0.013)	(0.014)	(0.012)	(0.010)	(0.013)
	老年人口比重	-0.074***	-0.091***	-0.078***	-0.098***	-0.081***	-0.079***
		(0.014)	(0.012)	(0.013)	(0.011)	(0.009)	(0.012)
数字技术	数字产业固定投资额的对数	0.040*	0.037**	0.035*	0.027	0.028*	0.036*
		(0.023)	(0.018)	(0.019)	(0.017)	(0.016)	(0.018)
	数字产业从业人员的对数	-0.089	-0.039	0.086	-0.046	0.071	-0.046
		(0.047)	(0.093)	(0.105)	(0.103)	(0.075)	(0.095)
	R-square	0.309	0.375	0.292	0.201	0.462	0.3465
	AIC	-246.339	-254.533	-247.704	-267.524	-267.159	-259.985
	BIC	-222.680	-227.494	-220.664	-220.2055	-236.740	-229.566
	Log-likelihood	130.169	135.267	131.852	147.762	142.579	138.993

注：*、** 和 *** 分别代表0.1、0.05、0.01的显著性水平；Rho为空间自回归系数；Lambda为残差滞后项；模型SAC1的估计结果基于邻接0—1矩阵；模型SAC2的估计结果基于空间距离矩阵；括号内为标准误。

三、老龄事业高质量发展的空间效应

本节研究结果显示，我国老龄事业高质量发展存在显著的空间效应，当地老龄事业的高质量发展受到周边地区的影响。首先，老龄事业属于公共产品，地域限制较小。如果邻近地区的养老设施供给能满足当地的养老需求，当地的地方政府在养老方面的支出意愿就会下降，这实际上是空间溢出效应所带来的替代效应。一些地方政府将提供养老服务纳入政绩考核范围。然而，在强调经济增长的官员考核体系中，地方政府官员对民生需求领域的关注度低于短期内能取得明显成效的领域，这导致老龄事业发展动力不足。政绩较好的地方政府会得到中央政府更多的支持，官员也有更好的晋升机会，因而会导致两种结果：一方面，地方政府会增加公共产品的整体供给，追赶邻近地区的公共服务水平，这就是所谓的追赶效应；另一方面，地方政府可能会增加生产性公共产品的供应，以吸引资本和高技能劳动力，我们称之为竞争效应。追赶效应与竞争效应的共同作用使空间效应成为分析地方老龄事业高质量发展的重要因素。

四、政策启示与建议

（一）构建与完善老龄事业的高质量发展监测系统

作为积极应对人口老龄化的一项战略行动，老龄事业的高质量发展将有助于老年人社会政策体系的可持续性。但这种认识不足以确保它在实践中得到很好的执行。因此，有必要对老龄事业的高质量发展形成统一的认识并进行评估，从而找出发展中的差距，制定有针对性的政策。本研究构建了老龄事业高质量发展四维指标体系，用以测度老龄事业高质量发展水平的变化，且可以及时找出地区老龄事业高质量发展的"短板"。通过老龄事业高质量发展指标体系，可以动态监测老龄事业高质量发展的演变趋势和空间格局，并针对区块间老龄事业高质量发展不平衡不充分的问题及时做出部署，推动老龄事业的发展与国家现代化发展接轨。

（二）推动经济发展，由经济先增长带动老龄事业后增长

作为一项综合性的社会建设和公共服务项目，老龄事业的建设和发展离不开经济的支撑。经济发展是推动养老保障体系和老年护理服务体系建设的第一动力。长期的经济增长为地方政府开展老龄事业相关活动提供了丰富的资金支持，增进了老年人的生活福祉。此外，经济发展水平的提高往往会带来居民收入的增加，也会提高居民对老年护理服务的支付意愿和能力。养老消费与服务市场的繁荣同样有助于促进养老事业的高质量发展。

（三）发展数字技术，实现老龄事业"智能化"发展

数字技术已成为经济高质量发展的重要影响因素。数字技术应用推动老龄事业发展走向"智能化"，形成传统养老与"智能"养老的二元化结构。推进数字化、智能化，重塑养老服务理念，提高老龄事业的发展质量。探索"数字智能"时代的养老新模式，利用数字技术有效连接家庭、社区、政府、医疗机构和社会组织，构建"智能化"老年人服务网络，提高老年人的社会参与度。

（四）强化政策支撑，完善养老体系，充分发挥政府作用

政府的规划和政策支持对老龄事业高质量发展的重要性不言而喻。地方政府应致力于建立公平普惠的基本养老保障制度、基本医疗保险制度和长期护理保险制度，统筹规划，完善社会救助、社会福利、慈善事业、优抚安置等制度。为完善养老服务体系，地方政府可建立长效的激励机制，鼓励提供价格合理的社会化优质养老服务。例如，地方政府为初创期的小型养老机构提供财政补贴或税收优惠。对于老龄事业高质量发展滞后的中部地区，中央政府应加大政策支持力度，有效缓解老龄事业高质量发展的局部不均衡现象。

第五章　数字经济影响我国老龄事业高质量发展研究

数字化和老龄化对老龄事业高质量发展有着深远的影响。本章对数字经济影响我国老龄事业高质量发展的机制进行理论分析，利用2013—2021年省际面板数据，构建空间面板模型，进行验证性实证研究。分析结果表明，数字经济对老龄事业高质量发展存在显著影响。第三产业的发展在数字经济与老龄事业高质量发展关系之间发挥中介作用。

第一节　数字经济的内涵与测度指标体系

一、数字经济的内涵

数字经济是指利用数字技术在社会经济中产生的经济影响和活动。它是一种新兴的经济形式，包括互联网、信息技术、物联网和大数据分析等信息技术，在推动经济增长、优化资源配置、加快绿色转型等方面发挥着重要作用。从投入产出层面而言，它指的是将输入资源（如时间、财务资源、技术资源等）投入到经济活动中，以获得最大化的产出。例如，社会推动数字经济相关产业发展、推动社会经济数字化，从而获得最大化的投入产出比。因此，数字经济的发展内涵应包括投入（传统生产要素、数字生产要素）、产出（产业数字化、数字产业化）两方面。

（一）数字经济传统生产要素

数字经济传统生产要素是指企业在参与数字经济发展时，需要投入的传统生产要素，包括资金资源、劳动资源、技术资源等。这些资源的投入和有效的产出都能够帮助企业在数字经济中实现成功,从而加快整个经济的发展。首先,对于资金资源,数字经济的发展需要获得合理的资金支持。资金的投入可以帮助社会和企业更好地投资于新技术、新产品和新服务,从而提升竞争力。其次,合适的人才是驱动数字经济发展的核心动力。人才可以帮助政府和企业实施数字经济策略,在发展中取得更好的成效。最后,适当的技术资源投入是支持数字经济发展的必要基础。企业通过投资研发、技术改进和产品质量提升等方式满足社会进步的需求。

(二) 数字经济数字生产要素

数字经济的发展是基于数字技术驱动的,包括互联网技术、物联网技术、大数据技术等信息技术,这些技术为数字经济的发展提供了可能性。而数字生产要素是指由数字技术驱动的生产要素,包括软件、硬件、用户基础等。这些数字生产要素可以改变生产过程,提高生产效率,减少生产成本,提升企业的市场竞争力。这些数字生产要素可以帮助企业管理资源,改进技术,实现自动化生产和更有效的市场营销活动。

(三) 产业数字化

产业数字化是指将传统行业中的数字技术应用于产业生产环节,以实现自动化、精细化和信息化管理。它是一种智能制造,以大数据、物联网、3D打印等新技术为抓手,结合传统产业,实现对物流、生产、资金等关键环节的精准控制,从而达到提升产业效率的目的。作为当今促进产业发展的重要技术手段,产业数字化可以提高产业生产率和管理效率,改善产品质量,提高市场竞争力,从而推动产业发展。此外,它还有助于企业降低成本、提升生产效率和企业绩效、提高企业核心竞争力,改善企业流程效率和企业综合服务能力,拓展新的商业模式和激发新的增长点,实现企业的可持续发展。因此,区域产业数字化水平应与当地高新技术企业规模相关联。

(四) 数字产业化

数字产业化是指将现实世界中的信息、过程和服务通过数字技术转换成数字信息,并将其融入产业中的一种新形态。它是利用数据、移动技术、云计算、物联网等数字技术,把数字信息技术与传统产业结合,以实现新的创新业务模式、提升产业升级、提高经济效率和提升消费体验等目的。数字产业化可以促进社会资源的有效配置和有效管理，实现可持续发展，从而促进国家经济发展。数字产业化的内涵应包括：①数字信息技术的普及和应用，涵盖大数据、物联网、云计算、人工智能等数字技术；②数字业务平台的构建，提供产品和服务的数字化；③数字产业的建设，以及建立数字经济的发展模式；④数字技术的支持，构建一个支持数字产业的环境。

二、数字经济评价指标体系

本研究根据数字经济的内涵，同时参考相关文献的做法（张腾等，2021；赵涛等，2020），构建出数字经济评价指标体系（见表5-1）。数字经济基于投入产出视角设置传统生产要素、数字生产要素、产业数字化和数字产业化四个二级指标。

表5-1 数字经济评价指标体系

一级指标	二级指标	三级指标	测度方式	单位	权重（%）
数字经济投入指数	传统生产要素	资本投入	数字产业的固定资产投资总量	亿元	2.41
		劳动投入	数字产业的劳动力就业人数	人	4.46
			高等学校教育经费投入	万元	1.95
		技术投入	数字产业研发人员	人年	4.14
			数字产业研发经费支出	万元	4.37
			国内专利授权数	件	5.67
	数字生产要素	数字技术用户基础	互联网宽带接入用户	万户	2.43
			互联网普及率		1.06
			移动电话普及率	部/百人	1.09
		数字技术硬件基础	移动电话基站	万个	2.17
			互联网宽带接入端口	万个	2.24
			长途光缆线路长度	公里	1.48
			每百人使用计算机数	台	1.58
		数字技术软件基础	每百家企业拥有的网站数	个	0.35
			域名数	万个	5.05
			网页数	万个	8.96

续表 5-1

一级指标	二级指标	三级指标	测度方式	单位	权重（%）
数字经济产出指数	产业数字化	电子及通信设备制造业	电子及通信设备制造业的企业数	万个	8.23
			高新技术企业数	个	6.17
			电子及通信设备制造业营业收入	万元	8.46
		电信业和互联网行业	电信业务总量规模	亿元	4.62
			有电子商务交易活动企业比重		1.06
			信息传输、软件和信息技术产业企业单位数	个	5.12
		软件和信息技术服务业	信息传输、软件和信息技术产业企业主营业务收入	亿元	7.34
	数字产业化	商务交易数字化	网上移动支付水平	—	0.72
			电子商务交易额	亿元	5.41
		传统金融数字化	数字金融覆盖广度	—	0.92
			数字金融使用深度	—	1.40
			金融数字化程度	—	1.14

第二节 理论分析与研究假设

一、数字经济赋能老龄事业高质量发展理论分析

数字经济对老龄事业高质量发展的作用存在多元复合性。一方面，数字经济的渗透为老龄事业的高质量发展提供了极大的技术便利，数字化的信息传递更是打破了传统的信息壁垒，为老年人提供了多源的信息获取渠道，充分提高了老年人的生活质量；另一方面，数字经济也给老龄事业高质量发展带来了一些挑战，老龄事业的发展需要不断匹配数字技术的不断发展，这样才能与国家高质量发展接轨。因此，在机遇与挑战的双重推动下，应充分利用数字经济推动老龄事业的高质量发展。

（一）数字经济有利于夯实老龄事业高质量发展的物质基础和资金储备

数字经济作为新形态的经济，它的出现促进了许多领域的发展，如电子商务、物联网、金融科技等，为老龄事业的高质量发展提供了充分的资金支持。数字经济发展提高了老年人的购买能力。例如，可以通过建立健康管理、智能家居、养老金投资等服务，为老年人提供更优质的健康、安全、福祉服务。数字经济的发展为老龄事业提供了更多的物质资源，如技术和金融资源，以及更多可利用的数据和信息。同时，数字经济也可以提高政府经济发展水平，从而提升老龄事业发展方面的资金投入，为老龄事业提供更多的物质基础和资金储备。此外，数字经济的发展也为老龄事业提供了新的资金来源，比如投资者、慈善机构和政府部门，以及新兴的互联网金融模式，使得老龄事业可以得到更多的资金支持。

（二）数字经济有助于提高社会老年服务质量

数字经济通过充分利用科技手段开发新的老年服务产品和服务，来满足老年人的日常需求和特殊需求，从而帮助老年人提高生活质量。例如，智能家居技术的应用为老年人提供更安全、便捷的生活环境；机器人技术的使用为老年人提供更及时的护理服务；物联网技术的普及为老年人提供实时健康监测系统；虚拟社区技术的连接为老年人提供互动交流平台等。数字技术的普及与应用为老年人提供了更全面、及时与个性化的养老服务，推动了老龄事业的高质量发展。

（三）数字经济发展倒逼老龄事业效率升级

数字经济发展增强了老龄事业的服务供给能力，老龄事业供给效率进一步升级。例如，数字平台使老年人能够方便快捷地获得各种服务；数字解决方案可以帮助老年人与医务人员联系，打破地缘限制，使老年人足不出户也能及时享受到优质的护理服务。不仅如此，数字经济的发展对老龄事业体系的发展也产生了积极影响。数字技术的应用为老年人口变化的动态监测、养老服务业的静态统计、养老信息的及时追踪提供了高效手段，推动了老龄事业体系的发展。此外，数字经济的发展同样为老龄事业高质量发展的制度革新提出了要求。数字经济的发展为老龄事业发展带来了新的增长点，也就是以创新为基础的增长点。由于传统的密集型劳动与资本投入无法匹配新增长点的内核,因此以创新为核心的老龄事业制度改革势在必行。

(四)数字经济促进社会"积极老龄化"

数字经济的发展不仅带来了经济的高质量发展,同时也带来了社会的高质量发展。首先,数字技术的应用为老年人生活提供了极大的便利。数字经济重塑了老年人的生活方式,数字平台的出现使得老年人更加便利地获取信息、参与社会活动,丰富了老年人的日常生活,提高了老年人的生活质量。其次,数字经济为老年人提供了更多的就业机会。数字经济改变了传统的就业模式,多样化的就业平台为老年人提供了更多的就业选择与就业机会,使老年人能够根据自己的兴趣、能力和实际情况,选择更适合自己的工作。最后,数字经济提高了老年人的社会参与度。数字经济在一定程度上打破了信息壁垒,降低了获取信息的成本,使老年人能够通过互联网平台参与政治活动与民主活动,从而更好地发挥自己的社会影响力。

(五)数字经济有利于老龄事业均衡发展

数字经济可以有效缓解改善老年服务的发展不平衡状况,有助于打破老龄事业高质量发展的地缘限制,缩减老龄事业高质量发展的地域差异。例如,全国统一、数据联动的全国性老龄大数据平台,将打通民政、人社、医疗、交通等行业的信息系统,抓取、分析与应用全国老年人大数据,并提供统一的政务管理、老人服务管理和商户终端管理,为政府部门对养老事业开展顶层设计和集中管理提供技术支撑。此外,数字经济还可以改善老龄事业的供需匹配不均衡问题。数字经济的发展改善了老龄事业的供给,远程医疗护理、动态健康检测等的应用,使老年人能更加及时地获得养护服务,更好地满足老年人的养老服务需求。

基于以上分析,我们提出以下研究假设。

假设1:数字经济充分推动了老龄事业的高质量发展。

二、第三产业作为发展媒介的理论分析

(一)数字经济与第三产业发展的关系

数字经济的兴起推动了第三产业的进一步发展,数字技术的应用为第三产

业的创新发展提供了强大的技术引擎，驱动第三产业的转型升级（Li 等，2022；Ndubuisi 等，2021）。当我们聚焦于与老年人相关的第三产业的发展时，数字经济发挥着举足轻重的作用（Ciarli 等，2021）。数字技术的应用促进了智能养老服务的发展。例如，智能家居技术提供的智能安全监控和智能家居辅助设施，提高了老年人的居家安全和生活质量（Reid and Sisel，2023）。此外，健康管理应用程序和智能设备可以实时监测老年人的健康状况，并提供个性化的健康指导和预防措施。同样，远程医疗技术可使老年人通过视频咨询和远程监控与医生互动，避免了远距离就医的不便（Woods and Shee，2021）。

数字经济的发展同样刺激了老年人对智能手机、数字电视和社交媒体等数字产品的有效消费需求，推动了老龄事业的高质量发展。例如，社交媒体使老年人更方便地获取外部信息，解决了老年人的信息孤岛问题，加强了老年人与家人和朋友之间的联系。同时，满足庞大老年人口的消费需求有望成为数字产业的新增长点（Colnar 等，2020；Zhang 等，2022）。

（二）第三产业发展与老龄事业高质量发展的关系

研究表明，第三产业的发展对老龄事业的高质量发展存在积极影响（Peng 等，2023）。一个可能的原因是，第三产业的发展可以为养老服务、老年人医疗保健、老年人社会参与提供更多的资源和机会，从而有利于老龄事业的发展。

首先，随着第三产业的发展，养老服务供给的数量和多样性提升。《中国统计年鉴》数据显示，第三产业占我国 GDP 的比重从 2010 年的 43.20% 上升到 2020 年的 54.50%。同期，中国每千名老年人口拥有的养老床位数从 17.60 张增加到 31.10 张，养老机构数量从 3.89 万个增加到 32.90 万个。养老服务内容也越来越多样化，不仅包括生活照料和康复服务，还包括文化和社会服务，这说明老龄事业的发展在稳步推进。

其次，第三产业的发展凸显了对医养结合服务的需求，同时也为老年人提供更为全面、个性化的养老服务。此外，服务业的发展为医养结合服务和老年照料服务的结合提供了平台和技术支持，使服务供给一体化成为可能。通过整合医养结合服务，增加医养服务人员、老年病医生与护理人员，可以根据老年人的不同需求，制订全面、个性化的护理方案，提高护理服务的质量和效率。

最后，第三产业的发展为老年人提供了更多的社会参与机会。第三产业的发展为老年教育机构提供了平台和支持，如老年大学学习项目、社区老年教育项目等。这些教育项目提高了老年人的社会参与度，有利于老龄事业的高质量发展。此外，第三产业的发展增加了对基础设施的需求，推动了基础设施的建设，为老年人的人际交往提供了更大的便利，提高了老年人参与社会的意愿。第三产业的发展也促进了网络平台的发展，老年人可以通过网络平台更好地参与社会志愿服务，促进了老年人的社会参与。基于以上分析，提出以下假设。

假设2：第三产业的发展在数字经济赋能老龄事业高质量发展过程中起到中介作用。

第三节　数字经济发展水平测算与空间格局分析

一、数据来源

数据来源于2014—2022年《中国统计年鉴》《中国固定资产投资统计年鉴》《中国第三产业统计年鉴》《中国火炬统计年鉴》《中国高技术产业统计年鉴》以及中国研究数据服务平台。此外，部分数据来源于国家统计局、工信部官网、北京大学数字金融研究中心。

二、测算方法

测算方法与老龄事业高质量发展测算方法相同，具体步骤详见第四章第三节。

三、测算结果

表5-2是2013—2021年省级地区和东中西部地区数字经济水平发展测算结果。从年度均值的变动趋势来看，2013—2021年我国数字经济发展水平明显上升，增幅为0.126。从地区均值比较来看，广东的数字经济总体水平最高，排名第一，其数字经济指数均值为0.559；其次分别是江苏（0.388）和北京（0.367）；排名4～9的地区分别为浙江、山东、上海、福建、四川和河南，数字经济发展水平分别达到0.282、0.250、0.225、0.180、0.178和0.154。其余地区的指数值均在0.150以下，而宁夏和西藏排名垫底，其数字经济指数最低，仅为0.041和0.040。就三大区数字经济发展水平而言，东部最高，数字经济指数为0.242，其次分别是中部（0.111）和西部（0.078）。

从各省份的数字经济发展趋势来看，2013—2021年中国数字经济的整体发展水平显著提升，均值由2013年的0.079提升至2021年的0.205，增幅达到

0.126。其中,广东、江苏、北京三个地区的数字经济发展增幅超过了全国均值的两倍,在2013—2021年期间表现突出。另外,浙江、山东、上海、四川、河南、福建六个地区也取得了很好的发展成绩,增幅均位列前十。而辽宁、青海、西藏、宁夏等地则表现较为平稳,增幅均在0.05以内。同时,我国数字经济发展存在明显的区域差异,经济发达地区和沿海省份发展较为迅速,中西部地区发展缓慢。

表5-2 数字经济发展水平测算结果

地区	2013年	2014年	2015年	2016年	2017年	2018年	2019年	2020年	2021年	均值	增幅
广东	0.335	0.371	0.421	0.467	0.530	0.635	0.708	0.767	0.794	0.559	0.459
江苏	0.260	0.296	0.328	0.358	0.361	0.413	0.450	0.494	0.530	0.388	0.270
北京	0.210	0.247	0.309	0.329	0.363	0.399	0.444	0.474	0.525	0.367	0.315
浙江	0.169	0.189	0.229	0.251	0.268	0.302	0.345	0.383	0.401	0.282	0.232
山东	0.159	0.177	0.205	0.226	0.243	0.273	0.290	0.324	0.356	0.250	0.197
上海	0.138	0.163	0.191	0.209	0.216	0.234	0.264	0.290	0.316	0.225	0.178
福建	0.089	0.101	0.139	0.165	0.205	0.224	0.237	0.226	0.237	0.180	0.148
四川	0.085	0.100	0.137	0.150	0.166	0.197	0.235	0.266	0.262	0.178	0.177
河南	0.069	0.084	0.113	0.128	0.145	0.176	0.202	0.236	0.232	0.154	0.163
湖北	0.082	0.094	0.121	0.130	0.142	0.165	0.196	0.207	0.208	0.149	0.126
安徽	0.059	0.074	0.099	0.110	0.123	0.144	0.168	0.193	0.205	0.130	0.146
湖南	0.060	0.071	0.093	0.106	0.121	0.140	0.175	0.193	0.199	0.129	0.139
河北	0.061	0.072	0.091	0.107	0.123	0.138	0.168	0.185	0.186	0.125	0.125
辽宁	0.101	0.113	0.123	0.109	0.114	0.124	0.140	0.151	0.149	0.125	0.048
陕西	0.056	0.070	0.090	0.107	0.105	0.124	0.143	0.159	0.161	0.113	0.105
天津	0.065	0.075	0.087	0.090	0.096	0.106	0.115	0.129	0.142	0.101	0.077
江西	0.037	0.049	0.070	0.077	0.090	0.112	0.137	0.158	0.165	0.099	0.128
重庆	0.043	0.054	0.075	0.088	0.100	0.113	0.125	0.144	0.149	0.099	0.106
广西	0.039	0.047	0.062	0.070	0.079	0.095	0.117	0.133	0.126	0.085	0.087

续表 5-2

地区	2013年	2014年	2015年	2016年	2017年	2018年	2019年	2020年	2021年	均值	增幅
云南	0.038	0.045	0.062	0.072	0.078	0.092	0.108	0.121	0.115	0.081	0.077
黑龙江	0.046	0.054	0.066	0.070	0.078	0.084	0.091	0.098	0.099	0.076	0.053
山西	0.040	0.047	0.060	0.066	0.070	0.085	0.094	0.104	0.104	0.074	0.064
贵州	0.025	0.035	0.051	0.060	0.070	0.087	0.103	0.113	0.113	0.073	0.088
吉林	0.037	0.046	0.062	0.065	0.076	0.083	0.088	0.099	0.088	0.072	0.051
内蒙古	0.037	0.048	0.059	0.065	0.071	0.077	0.087	0.092	0.094	0.070	0.057
新疆	0.031	0.037	0.052	0.051	0.058	0.067	0.077	0.084	0.084	0.060	0.053
海南	0.028	0.036	0.053	0.053	0.058	0.064	0.071	0.073	0.079	0.057	0.051
甘肃	0.023	0.030	0.045	0.047	0.053	0.065	0.074	0.082	0.081	0.056	0.058
青海	0.017	0.023	0.040	0.040	0.045	0.051	0.056	0.059	0.062	0.044	0.045
宁夏	0.016	0.023	0.038	0.038	0.043	0.049	0.051	0.055	0.058	0.041	0.042
西藏	0.014	0.023	0.035	0.040	0.043	0.047	0.051	0.053	0.058	0.040	0.044
东部地区	0.147	0.167	0.198	0.215	0.234	0.265	0.294	0.318	0.338	0.242	0.191
中部地区	0.054	0.065	0.085	0.094	0.106	0.124	0.144	0.161	0.162	0.111	0.108
西部地区	0.035	0.045	0.062	0.069	0.076	0.089	0.102	0.113	0.114	0.078	0.079
全国均值	0.079	0.092	0.115	0.126	0.139	0.159	0.180	0.197	0.205	0.144	0.126

注：按照国家统计局对三大经济带的划分，东部地区包括：北京、天津、河北、辽宁、上海、江苏、浙江、福建、山东、广东与海南11个省级行政区；中部地区包括：山西、吉林、黑龙江、安徽、江西、河南、湖北与湖南8个省级行政区；西部地区包括：内蒙古、广西、重庆、四川、贵州、云南、陕西、甘肃、青海、西藏、宁夏与新疆12个省级行政区。

四、数字经济发展的空间格局特征

基于表5-2的测算结果，采用等距分级法将2013年和2021年我国数字经济发展综合水平划分为低水平区（<0.10）、中低水平区（0.10～0.20）、中高水平区（0.20～0.30）、高水平区（>0.30）四个等级。借助 ArcGIS 软件对高质量发展空间格局进行可视化处理，整理得到数字经济发展水平空间分布统计结果，如表 5-3 所示。

表 5-3　2013 年和 2021 年数字经济发展水平空间分布统计

年份	类型	省级行政区	地区统计
2013	高水平区（>0.30）	广东省（东部）	东部地区（1） 中部地区（0） 西部地区（0）
	中高水平区（0.20～0.30）	北京市（东部）、上海市（东部）、江苏省（东部）	东部地区（3） 中部地区（0） 西部地区（0）
	中低水平区（0.10～0.20）	辽宁省（东部）、山东省（东部）、浙江省（东部）	东部地区（3） 中部地区（0） 西部地区（0）
	低水平区（<0.10）	天津市（东部）、河北省（东部）、福建省（东部）、海南省（东部）、黑龙江省（中部）、山西省（中部）、湖北省（中部）、江西省（中部）、湖南省（中部）、吉林省（中部）、河南省（中部）、安徽省（中部）、贵州省（西部）、云南省（西部）、甘肃省（西部）、青海省（西部）、重庆市（西部）、陕西省（西部）、四川省（西部）、内蒙古自治区（西部）、宁夏回族自治区（西部）、新疆维吾尔自治区（西部）、西藏自治区（西部）、广西壮族自治区（西部）	东部地区（4） 中部地区（8） 西部地区（12）
2021	高水平区（>0.30）	北京市（东部）、上海市（东部）、广东省（东部）、江苏省（东部）、山东省（东部）、浙江省（东部）	东部地区（6） 中部地区（0） 西部地区（0）
	中高水平区（0.20～0.30）	福建省（东部）、湖北省（中部）、河南省（中部）、安徽省（中部）、四川省（西部）	东部地区（1） 中部地区（3） 西部地区（1）

续表 5-3

年份	类型	省级行政区	地区统计
2021	中低水平区 （0.10～0.20）	天津市（东部）、河北省（东部）、辽宁省（东部）、山西省（中部）、江西省（中部）、湖南省（中部）、重庆市（西部）、贵州省（西部）、云南省（西部）、陕西省（西部）、广西壮族自治区（西部）	东部地区（3） 中部地区（3） 西部地区（5）
	低水平区 （<0.10）	海南省（东部）、黑龙江省（中部）、吉林省（中部）、甘肃省（西部）、青海省（西部）、内蒙古自治区（西部）、宁夏回族自治区（西部）、新疆维吾尔自治区（西部）、西藏自治区（西部）	东部地区（1） 中部地区（2） 西部地区（6）

注：按照中国国家统计局对三大经济带的划分，东部地区包括：北京、天津、河北、辽宁、上海、江苏、浙江、福建、山东、广东与海南 11 个省级行政区；中部地区包括：山西、吉林、黑龙江、安徽、江西、河南、湖北与湖南 8 个省级行政区；西部地区包括：内蒙古、广西、重庆、四川、贵州、云南、陕西、甘肃、青海、西藏、宁夏与新疆 12 个省级行政区。

表 5-3 展示了数字经济 2013 年和 2021 年的空间分布统计结果，从等级分布看，一方面，数字经济发展低水平区和中低水平区的省份数量多，占比大。2013 年，低水平区和中低水平区的数量分别是 24 个、3 个，总占比为 87%；至 2021 年，低水平区和中低水平区的数量分别为 9 个、11 个，总体数目变化较小。相对地，中高水平区的数量由 3 个增加至 5 个，高水平区的数量由 1 个增加至 6 个（北京、上海、广东、江苏、山东、浙江）。另一方面，研究期内，55.50% 的低水平区（15 个）向更高等级水平区转移。其中，37% 的低水平区（10 个）向中低水平区转移，18.50% 的低水平区（5 个）向中高水平区转移。此外，稳定省份约为 45%，等级水平保持不变。

从空间分布上看，我国数字经济发展与经济发展呈明显的相关关系，高水平的数字经济发展主要分布在经济较发达的沿海地区，以北京、上海、广东为首，沿海地区的数字经济一直领先于其他省份。可以看到，中高水平地区和高水平地区主要集中于东部地区，中低水平地区主要围绕我国中部，而西部地区主要为低水平地区，数字经济发展水平由西部到东部呈现阶梯式上升的趋势，整体表现为"低—中—高"的发展格局。

第四节　数字经济影响老龄事业高质量发展的实证研究

一、数据来源与预处理

本节利用 2013—2021 年我国 31 个省份的面板数据，构建空间计量模型，研究数字经济对老龄事业高质量发展的影响。数据来源于中国经济社会大数据研究平台（https://data.cnki.net/）、中国研究数据服务平台（https://www.cnrds.com/Home/Login）和北京大学数字普惠金融研究中心（北京大学数字金融研究中心课题组，2021）。缺失数据量小于样本总量的 4%，缺失部分采用最近邻插值法进行补偿。具体而言，如果有上一个数据点和下一个数据点，则用这两个数据点的算术平均值填补缺失值。对于仅有单个邻近值的缺失值，则用最近邻的数据点来填充。本研究主要使用 Excel 2016 和 Stata 17 来处理和分析数据，利用软件 ArcGIS 10.2 绘制生成散点图。

二、变量选取

（一）被解释变量

本研究被解释变量是老龄事业高质量发展水平。与第四章有所不同，本章的老龄事业高质量发展水平测度结果延展至 2021 年，且由于老年学校在校学生数与老年医院床位数的数据仅更新至 2017 年。因此，本章的老龄事业高质量发展水平测度指标体系在第四章的基础上，删去了老年学校入学率与每千老年人口老年医院床位数这两项子指标，其余保持不变。2013—2021 年我国老龄事业高质量发展水平数据如表 5-4 所示。

表 5-4　2013—2021 年中国老龄事业高质量发展水平测度结果

省级行政区	2013年	2014年	2015年	2016年	2017年	2018年	2019年	2020年	2021年	均值	排名
北京	0.336	0.306	0.334	0.388	0.428	0.393	0.443	0.432	0.461	0.391	1
上海	0.290	0.329	0.355	0.349	0.324	0.337	0.317	0.335	0.353	0.332	2
浙江	0.219	0.240	0.263	0.277	0.287	0.298	0.295	0.263	0.259	0.267	3

续表 5-4

省级行政区	2013年	2014年	2015年	2016年	2017年	2018年	2019年	2020年	2021年	均值	排名
江苏	0.158	0.173	0.205	0.215	0.237	0.302	0.337	0.352	0.332	0.257	4
青海	0.207	0.198	0.237	0.238	0.273	0.318	0.308	0.280	0.250	0.257	5
广东	0.186	0.196	0.219	0.239	0.267	0.242	0.245	0.183	0.172	0.217	6
福建	0.118	0.128	0.180	0.191	0.219	0.211	0.221	0.267	0.236	0.197	7
四川	0.091	0.130	0.186	0.230	0.249	0.258	0.225	0.179	0.165	0.190	8
宁夏	0.175	0.187	0.175	0.189	0.250	0.192	0.190	0.177	0.162	0.188	9
贵州	0.143	0.140	0.210	0.203	0.218	0.214	0.202	0.176	0.170	0.186	10
新疆	0.174	0.195	0.194	0.207	0.209	0.180	0.155	0.169	0.169	0.183	11
内蒙古	0.149	0.133	0.197	0.205	0.216	0.220	0.218	0.167	0.133	0.182	12
西藏	0.139	0.153	0.218	0.187	0.244	0.177	0.156	0.165	0.194	0.182	13
陕西	0.160	0.158	0.183	0.192	0.213	0.194	0.195	0.163	0.144	0.178	14
山东	0.183	0.174	0.208	0.206	0.246	0.138	0.138	0.155	0.145	0.177	15
山西	0.158	0.171	0.163	0.196	0.194	0.139	0.141	0.164	0.156	0.165	16
河北	0.156	0.116	0.190	0.177	0.179	0.160	0.160	0.140	0.159	0.160	17
江西	0.130	0.138	0.125	0.140	0.120	0.137	0.170	0.220	0.226	0.156	18
湖北	0.117	0.122	0.138	0.151	0.138	0.164	0.191	0.185	0.172	0.153	19
安徽	0.075	0.081	0.131	0.130	0.152	0.180	0.179	0.208	0.213	0.150	20
甘肃	0.104	0.103	0.161	0.160	0.154	0.167	0.175	0.150	0.132	0.145	21
天津	0.136	0.130	0.131	0.139	0.167	0.141	0.134	0.136	0.135	0.139	22
湖南	0.113	0.104	0.123	0.113	0.142	0.152	0.151	0.170	0.155	0.136	23
河南	0.093	0.119	0.138	0.124	0.125	0.120	0.174	0.164	0.165	0.136	24
云南	0.144	0.128	0.145	0.147	0.137	0.112	0.118	0.129	0.153	0.135	25
重庆	0.085	0.078	0.110	0.116	0.126	0.146	0.158	0.158	0.219	0.133	26
黑龙江	0.136	0.095	0.152	0.134	0.093	0.137	0.125	0.132	0.140	0.127	27

续表 5-4

省级行政区	2013年	2014年	2015年	2016年	2017年	2018年	2019年	2020年	2021年	均值	排名
海南	0.087	0.112	0.110	0.134	0.148	0.151	0.115	0.132	0.134	0.125	28
辽宁	0.129	0.130	0.124	0.122	0.136	0.119	0.122	0.125	0.116	0.125	29
吉林	0.096	0.072	0.072	0.093	0.134	0.120	0.158	0.152	0.141	0.115	30
广西	0.080	0.052	0.105	0.113	0.118	0.146	0.152	0.117	0.092	0.108	31
东部地区	0.182	0.185	0.211	0.222	0.240	0.227	0.230	0.229	0.228	0.217	1
西部地区	0.138	0.138	0.177	0.182	0.201	0.194	0.188	0.169	0.165	0.172	2
中部地区	0.115	0.113	0.130	0.135	0.137	0.143	0.161	0.174	0.171	0.142	3
全国均值	0.145	0.145	0.173	0.180	0.193	0.188	0.193	0.191	0.188	0.177	—

注：按照中国国家统计局对三大经济带的划分，东部地区包括：北京、天津、河北、辽宁、上海、江苏、浙江、福建、山东、广东与海南 11 个省级行政区；中部地区包括：山西、吉林、黑龙江、安徽、江西、河南、湖北与湖南 8 个省级行政区；西部地区包括：内蒙古、广西、重庆、四川、贵州、云南、陕西、甘肃、青海、西藏、宁夏与新疆 12 个省级行政区。

表 5-4 是 2013—2021 年我国 31 个省级地区老龄事业高质量发展水平测算结果，从中可以看出，我国老龄事业高质量发展水平的均值从 2013 年的 0.145 上升到 2017 年的 0.193，而后波动下降到 2021 年的 0.188，整体处于较低水平。同时，省级地区之间发展水平差异非常大，最小值为 0.052，最大值为 0.461。以 2013—2021 年的高质量发展水平平均值为例，北京（0.391）和上海（0.332）的老龄事业高质量发展处于领先地位，与第三名（浙江，0.267）、第四名（江苏，0.257）和第五名（青海，0.257）相比优势明显。辽宁（0.125）、吉林（0.115）、广西（0.108）相对落后，排名最末三位。比较三大地区，我们发现东部地区的老龄事业高质量发展水平年均值最高（0.217），西部地区次之（0.172），中部地区最低（0.142）。

表 5-5 为 2013 年和 2021 年我国老龄事业高质量发展的空间分布统计结果。老龄事业高质量发展呈现"核心—外围"的空间格局，核心为高水平地区，中高水平、中低水平与低水平地区环绕核心地区分布。

表 5-5　2013 年和 2021 年老龄事业高质量发展的空间分布统计

年份	类型	省级行政区	地区统计
2013	高水平区（>0.30）	北京市（东部）	东部地区（1） 中部地区（0） 西部地区（0）
	中高水平区（0.20~0.30）	上海市（东部）、浙江省（东部）、青海省（西部）	东部地区（2） 中部地区（0） 西部地区（1）
	中低水平区（0.10~0.20）	天津市（东部）、河北省（东部）、辽宁省（东部）、江苏省（东部）、山东省（东部）、广东省（东部）、福建省（东部）、黑龙江省（中部）、山西省（中部）、湖北省（中部）、江西省（中部）、湖南省（中部）、贵州省（西部）、云南省（西部）、甘肃省（西部）、陕西省（西部）、内蒙古自治区（西部）、宁夏回族自治区（西部）、新疆维吾尔自治区（西部）、西藏自治区（西部）	东部地区（7） 中部地区（5） 西部地区（8）
	低水平区（<0.10）	海南省（东部）、河南省（中部）、安徽省（中部）、吉林省（中部）、重庆市（西部）、四川省（西部）、广西壮族自治区（西部）	东部地区（1） 中部地区（3） 西部地区（3）
2021	高水平区（>0.30）	北京市（东部）、上海市（东部）、江苏省（东部）	东部地区（3） 中部地区（0） 西部地区（0）
	中高水平区（0.20~0.30）	浙江省（东部）、福建省（东部）、安徽省（中部）、江西省（中部）、重庆市（西部）、青海省（西部）	东部地区（2） 中部地区（2） 西部地区（2）

续表 5-5

年份	类型	省级行政区	地区统计
2021	中低水平区（0.10～0.20）	天津市（东部）、河北省（东部）、辽宁省（东部）、山东省（东部）、广东省（东部）、海南省（东部）、黑龙江省（中部）、吉林省（中部）、山西省（中部）、河南省（中部）、湖北省（中部）、湖南省（中部）、贵州省（西部）、云南省（西部）、四川省（西部）、甘肃省（西部）、陕西省（西部）、内蒙古自治区（西部）、宁夏回族自治区（西部）、新疆维吾尔自治区（西部）、西藏自治区（西部）	东部地区（6）中部地区（6）西部地区（9）
	低水平区（<0.10）	广西壮族自治区（西部）	东部地区（0）中部地区（0）西部地区（1）

注：按照中国国家统计局对三大经济带的划分，东部地区包括：北京、天津、河北、辽宁、上海、江苏、浙江、福建、山东、广东与海南 11 个省级行政区；中部地区包括：山西、吉林、黑龙江、安徽、江西、河南、湖北与湖南 8 个省级行政区；西部地区包括：内蒙古、广西、重庆、四川、贵州、云南、陕西、甘肃、青海、西藏、宁夏与新疆 12 个省级行政区。

2013 年，超过 80% 的省级行政区处于低水平区或中低水平区，只有北京一个地区处于高水平区。中高水平地区为上海、浙江与青海，分别分布在东部和西部地区；2021 年，高水平地区增至 3 个，低水平区和中低水平区的比重为 70.97%。较之 2013 年，整体老龄事业发展水平有所提高。与 2013 年有所差异的地方在于，2021 年形成了以北京和上海（位于中国东部）为双核心的空间格局。此外，2021 年我国老龄事业高质量发展水平由东向西呈现"高—低—高"的态势，形成"东—中—西"的 V 型格局。

（二）核心解释变量

核心解释变量是数字经济发展水平。2013—2021 年我国数字经济发展水平数据详见表 5-2。

(三) 控制变量

为更全面地研究数字经济赋能老龄事业高质量发展的影响效应，本研究基于相关参考文献，选择以下控制变量。

1. 人均GDP的对数

使用人均GDP作为衡量地区经济发展水平的指标。经济发展水平是指一个国家或地区经济发展的相对状况，是一个衡量国家或地区经济发展水平的重要指标，也是衡量政府政策效果的重要指标。经济发展水平的优劣直接影响政府政策的制定和社会保障水平的高低。高水平的经济发展可以提高国家的国际竞争力，可以加快国家的社会经济进步，同时改善社会福利、提高人民生活水平、改善社会环境。因此，经济发展水平影响着老龄事业高质量发展，为其提供资金支持，影响基础保障设施建设。

2. 人均社会福利支出

使用人均社会福利支出来代表所在地区的社会福利水平。社会福利是指政府或某社会组织为社会成员提供的一系列保障性福利，以缓解在经济、收入、健康、教育等方面的不平等和不公平。社会福利包括但不限于低收入补贴、教育补助、养老金、失业保险、医疗补助、家庭支持等。社会福利作为政府重要的政治职能，一方面，社会福利政策的出台，有利于改善老年人的生活水平，增强他们的生活保障，激发老年人的积极性，促进老年人参与社会活动，从而有利于老龄事业的发展；另一方面，社会福利政策的实施，也可以为老龄事业建设提供财政支持，从而促进老龄事业的发展。因此，社会福利的实施，对老龄事业的发展具有重要影响。

3. 老龄化系数（65岁以上老年人口占比）

老龄化系数作为人口结构中的重要指标，用作衡量当地的人口结构状况。人口结构是指一个国家、地区或社会的人口特征，包括人口总数、年龄结构、性别比例等。人口结构反映了一个国家或社会的经济、社会和文化状况，是制定规划、预测未来发展趋势的重要参考，对老龄事业有重要影响。首先，老年人口的比例在不断增加，老年人口的增加会加大老龄事业的发展需求。随之而来的需求将推动政府出台更多的利好政策，为老龄事业的发展提供更多支持。其次，人口结构的变化会影响老龄事业的资源配置。随着老年人口的增加，政府将会投入更多的资源来支持老龄事业的发展，改善老年人的健康状况，为老年人提供更多的福利待遇，促进老年人的社会发展。最后，人口结构的变化会影响老龄事业的政策制定。随着老年人口的增长，政府将会制定更多的老年人保护政策，改善老年人的生活和发展环境，并制定更有利于老年人的政策，以促进老年人的社会发展。

变量的描述性统计结果见表5-6。

表5-6 变量描述性统计

变量	均值	标准差	最小值	最大值	单位
老龄事业高质量发展水平	0.1803	0.0706	0.0516	0.4609	—
数字经济发展水平	0.1446	0.1274	0.0140	0.7939	—
人均GDP对数	1.7235	0.4191	0.8416	2.9124	—
人均社会福利支出	0.7539	0.6462	0.1422	4.3491	百元/人
老龄化系数	0.0818	0.0478	0.0006	0.1613	—
第三产业占比	0.4939	0.0901	0.3200	0.8400	—

从表5-6可以看出，老龄事业高质量发展水平的均值、标准差、最小值和最大值分别为0.1803、0.0706、0.0516、0.4609，数字经济发展指数的均值、标准差、最小值和最大值分别为0.1446、0.1274、0.0140、0.7939，这说明我国老龄事业高质量发展水平和数字经济发展水平存在明显的"均值小，极差大"特征，需要深入讨论。人均GDP对数的均值、标准差、最小值和最大值分别是1.7235、0.4191、0.8416、2.9124。人均社会福利支出的均值、标准差、最小值和最大值分别是0.7539、0.6462、0.1422、4.3491，数据的波动性较大。老龄化系数的均值、标准差、最小值和最大值分别是0.0818、0.0478、0.0006、0.1613，老龄化系数波动最小，这意味着人口结构相较其他变量较为稳定。第三产业占比的均值、标准差、最小值和最大值分别为0.4939、0.0901、0.3200、0.8400。

三、模型设定

(一) 基准回归模型

为研究数字经济发展水平对老龄事业高质量发展的影响，我们构建了如下基准回归模型：

$$y_{it} = \alpha_0 + \alpha_1 X_{it} + \alpha_2 C_{it} + \delta_i + v_t + \mu_{it}$$

其中，y_{it} 代表第 t 年第 i 个省的老龄事业高质量发展综合指数；X_{it} 代表第 t 年第 i 个省的数字经济发展水平综合指数；C_{it} 代表控制变量；α_i 为待估系数；δ_i 为个体固定效应；v_t 为时间固定效应；μ_{it} 为随机扰动项。

为检验基准回归模型的稳健性，本研究采用了三种方法：①剔除数字经济变量的最大值和最小值1%；②剔除2021年的数据，原因是避免COVID-19流行病的影响；③用数字经济的一阶滞后项代替数字经济。

（二）中介效应模型

中介效应模型用于研究变量之间的相互作用机制（Baron and Kenny, 1986）。鉴于老龄事业高质量发展、第三产业发展和数字经济之间的关系，我们建立了如下中介效应模型：

$$Z_{it} = \beta_0 + \beta_1 X_{it} + \beta_2 C_{it} + \delta_i + v_t + \mu_{it}$$

$$y_{it} = \gamma_0 + \gamma_1 X_{it} + \gamma_2 Z_{it} + \gamma_3 C_{it} + \delta_i + v_t + \mu_{it}$$

其中，Z_{it} 是指第三产业在国内生产总值中所占比例的中介变量，β_i 和 γ_i 为待估系数，其余变量的含义同上。

变量的统计描述见表5-6。Sobel检验用于验证中介效应的存在性。

（三）空间面板模型

1. 空间自相关检验

空间面板模型是带有空间滞后变量的面板数据线性回归模型，用于分析具有空间和时间维度的数据（Lesage and Pace, 2009）。当空间自相关检验结果显示误差项存在自相关时，空间模型就比较适用（Anselin, 1990）。全局莫兰指数用于检验数字经济和老龄事业高质量发展的空间自相关性。

2. 空间面板模型构建

本节采用空间自回归模型（SAR）、空间误差模型（SEM）和空间杜宾模型（SDM）三种广泛使用的空间模型来检验数字经济对老龄事业高质量发展的影响。模型表达式如下：

$$y_{it} = \rho W y_{it} + \beta X_{it} + \gamma C_{it} + \delta_i + v_t + \varepsilon_{it} \quad (\text{SAR})$$

$$y_{it} = \beta X_{it} + \gamma C_{it} + \lambda W \mu_{it} + \delta_i + v_t + \varepsilon_{it} \quad (\text{SEM})$$

$$y_{it} = \rho W y_{it} + \beta X_{it} + \gamma C_{it} + \theta W X_{it} + \delta_i + v_t + \varepsilon_{it} \quad (\text{SDM})$$

式中，ρ、θ 为空间自回归系数；β 为变量系数；W 为空间权重矩阵；Wy_{it} 和 WX_{it} 为空间滞后变量；$W\mu_{it}$ 为空间滞后误差项；ε_{it} 为随机误差项；其他变量的含义与上述相同。

3. **模型选择与检验**

本研究使用的空间权重矩阵为邻接 0 – 1 矩阵。地理距离矩阵和经济距离矩阵用于检验空间回归结果的稳健性。通过拉格朗日乘子检验（LM）、似然比检验（LR）和沃尔德检验（Wald）从 SAR、SEM 和 SDM 中选择合适的模型（Mutl and Pfaffermayr，2011）。Hausman 检验则用于确定空间面板模型的固定效应或随机效应。

四、模型估计结果及分析

（一）基准回归模型结果及分析

表 5 – 7 展示了基于 2013—2021 年面板数据的横截面混合 OLS 模型、个体固定效应模型、时间固定效应模型、个体和时间双向固定效应模型以及随机效应模型的估计结果。从表 5 – 7 中可以看出，不管是在随机效应还是固定效应下，在控制其他变量后，数字经济对老龄事业的高质量发展都存在积极影响。此外，Hausman 检验结果（卡方值 = 50.90，P 值 < 0.01）表明，时间固定模型比其他模型更合适。因此，在下面的稳健性检验和中介效应模型中均使用时间固定效应模型。

表 5 – 7 基准回归模型结果

变量	混合 OLS	个体固定效应	时间固定效应	个体和时间双向固定效应	随机效应
数字经济发展水平	0.1068***	0.1300***	0.1576***	0.0824*	0.1506***
	(−0.0401)	(−0.0481)	(−0.0251)	(−0.0424)	(−0.0240)
人均 GDP 对数	0.0713***	0.0621***	0.0338***	0.0649***	0.0169
	(−0.0136)	(−0.0150)	(−0.0128)	(−0.0181)	(−0.0112)
人均社会福利支出	0.0220***	0.0088***	0.0617***	0.0072**	0.0616***
	(−0.0055)	(−0.0031)	(−0.0113)	(−0.0029)	(−0.0118)
老龄化系数	−0.5555***	0.1471**	−0.5101***	−0.5175***	0.1583**
	(−0.1551)	(−0.0676)	(−0.1222)	(−0.1729)	(−0.0685)

续表 5-7

变量	混合 OLS	个体固定效应	时间固定效应	个体和时间双向固定效应	随机效应
常数项	0.0779***	0.0134	0.1116***	0.0696**	0.0700***
	(-0.0224)	(-0.0245)	(-0.0110)	(-0.0289)	(-0.0124)
固定个体效应	No	Yes	No	Yes	No
固定时间效应	Yes	No	Yes	Yes	No
样本量	279	279	279	279	279
R^2	0.3835	0.8476	0.6628	0.8714	0.6070

注：*、** 和 *** 分别代表 0.1、0.05、0.01 的显著性水平；括号内为标准误。

表 5-8 为基准回归模型的稳健性检验结果。在三种稳健性检验方法下，数字经济的回归系数始终为正。这一结果表明，数字经济对老龄事业发展具有稳定的正向影响。因此，假设 1 得到了验证。

表 5-8 稳健性检验结果

变量	剔除 2021 年数据	剔除异常值	数字经济滞后一期
数字经济发展水平	0.1902***	0.2213***	0.1738***
	(-0.0220)	(-0.0248)	(-0.0319)
人均 GDP 对数	0.0289**	0.0240*	0.0295**
	(-0.0129)	(-0.0124)	(-0.0134)
人均社会福利支出	0.0649***	0.0611***	0.0618***
	(-0.0132)	(-0.0116)	(-0.0107)
老龄化系数	-0.5207***	-0.5187***	-0.4432***
	(-0.1323)	(-0.1358)	(-0.1199)
常数项	0.1161***	0.1207***	0.1058***
	(-0.0097)	(-0.0101)	(-0.0122)
固定个体效应	No	No	No
固定时间效应	Yes	Yes	Yes

续表 5-8

变量	剔除2021年数据	剔除异常值	数字经济滞后一期
样本量	248	275	248
R^2	0.6568	0.6859	0.6593

注："*""**"和"***"分别代表0.1、0.05、0.01的显著性水平；括号内为标准误；第三列的数字经济发展水平做了滞后一期处理。

基准回归结果与稳健性检验结果表明，数字经济对老龄事业的高质量发展存在显著的积极影响，验证了上述的理论分析和研究假设1。数字经济对老龄事业高质量发展产生积极影响的原因是多维的。第一，数字经济有助于改善老年人口的经济结构和物质福祉。第二，机构养老、社区养老和居家养老服务的数字化和智能化转型可以提高养老服务的质量和数量。第三，数字经济与"互联网+"、大数据、云计算、大健康产业的融合共建推动了老龄事业的数字产品服务生态系统建设，对老年人的健康状况起到促进作用。第四，数字经济有利于提高老年人的社会参与度，使他们拥有更积极的老年生活，这是实现老龄事业高质量发展的必经之路。

（二）中介效应模型结果及分析

表 5-9 显示，数字经济发展对老龄事业高质量发展（系数 =0.1472，P 值 <0.01）和第三产业发展（系数 =0.0676，P 值 <0.01）有显著的正向影响。与模型1相比，模型3中数字经济的系数下降了0.0104，说明数字经济对老龄事业高质量发展的影响不仅存在直接效应，还受到第三产业发展的中介效应影响。此外，Sobel 检验结果表明，第三产业占比的间接效应显著（系数 =0.0104，P 值 <0.05）。经计算第三产业占比的中介效应占数字经济对老龄事业高质量发展总效应的6.6%。因此，假设2得到验证。

表 5-9　中介效应模型估计结果

变量	老龄事业高质量发展水平（模型1）	第三产业占比（模型2）	老龄事业高质量发展水平（模型3）
数字经济发展水平	0.1576***	0.0676***	0.1472***
	(-0.0251)	(-0.0193)	(-0.0247)
人均GDP对数	0.0338***	0.0539***	0.0255**
	(-0.0128)	(-0.0114)	(-0.0101)

续表 5-9

变量	老龄事业高质量发展水平（模型1）	第三产业占比（模型2）	老龄事业高质量发展水平（模型3）
人均社会福利支出	0.0617***	0.0594***	0.0525***
	(-0.0113)	(-0.0152)	(-0.0107)
老龄化系数	-0.5101***	-0.0902	-0.4963***
	(-0.1222)	(-0.1347)	(-0.1069)
第三产业占比			0.1539***
			(-0.0512)
常数项	0.1116***	0.3239***	0.0617***
	(-0.011)	(-0.0077)	(-0.0223)
固定个体效应	No	No	No
固定时间效应	Yes	Yes	Yes
样本量	279	279	279
R^2	0.6628	0.5419	0.6804
Sobel 检验	总效应	0.1576***	
		(0.0251)	
	间接效应	0.0104***	
		(0.0046)	
	直接效应	0.1472***	
		(0.0247)	

注："*""**"和"***"分别代表0.1、0.05、0.01的显著性水平；括号内为标准误。

本节的结果进一步揭示，数字经济对老龄事业高质量发展的影响不仅来自直接效应，还来自第三产业发展的中介效应。养老服务业是第三产业的一部分，而第三产业的其他组成部分，如教育、医疗、娱乐等，都与老龄产业息息相关。因此，数字经济可以通过促进第三产业的发展，进而对老龄事业的高质量发展产生积极影响。此外，数字经济的发展伴随着数字技术和数字平台的应用。数字技术为第三产业的发展提供了技术支撑，数字平台的应用则为第三产业发展提供了载体，二者的结合有效促进了第三产业的数字化转型。随着第三产业的数字化转型，医疗服务和养老服务也开始了数字化转型，这有利于建立更全面、更个性化的养老服务体系。

(三) 空间面板模型结果及分析

表 5-10 为空间自相关检验的结果。数字经济发展的莫兰指数值在 0.1 的显著性水平上显著为正，表明存在空间正自相关。除 2013 年、2016 年、2017 年和 2019 年外，老龄事业高质量发展的莫兰指数值在 0.1 的显著性水平上均显著为正。这一结果表明存在一定程度的空间正自相关。因此，宜采用空间计量经济模型对空间效应进行实证分析。

表 5-10 空间自相关检验结果

变量	年份	Moran's I	Z 值	P 值
数字经济发展水平	2013	0.141*	1.613	0.053
	2014	0.146**	1.644	0.050
	2015	0.147**	1.648	0.050
	2016	0.161**	1.779	0.038
	2017	0.152**	1.720	0.043
	2018	0.130*	1.547	0.061
	2019	0.128*	1.525	0.064
	2020	0.123*	1.478	0.070
	2021	0.149**	1.703	0.044
老龄事业高质量发展水平	2013	0.067	0.913	0.181
	2014	0.127*	1.434	0.076
	2015	0.126*	1.414	0.079
	2016	0.088	1.089	0.138
	2017	0.067	0.895	0.185
	2018	0.116*	1.310	0.095
	2019	0.037	0.640	0.261
	2020	0.196**	2.085	0.019
	2021	0.211**	2.281	0.011

注：*、** 和 *** 分别代表 0.1、0.05、0.01 的显著性水平。

表 5-11 为 LM 检验、LR 检验、Wald 检验和 Hausman 检验的结果。可以看出，LM-误差检验和 LM-自回归检验都是显著的，说明 SAR 模型和 SEM 模型都是合适的。LR 检验和 Wald 检验拒绝了 SDM 可以退化为 SAR 或 SEM 的零假设，这表明 SDM 模型优于 SAR 模型和 SEM 模型。Hausman 检验结果在 5% 的显著性水平上拒绝了随机效应模型的零假设，表明时间固定模型是三种固定模型为最优选。因此，本研究选择时间固定效应的 SDM 模型。

表 5-11 空间模型选择检验结果

检验类型	检验假设	统计量	P 值
LM 检验	SEM（不存在空间误差效应）	21.372***	0.000
	Robust SEM（不存在空间误差效应）	17.245***	0.000
	SAR（不存在空间自回归效应）	4.339**	0.037
	Robust SAR（不存在空间自回归效应）	0.212	0.645
LR 检验	SDM 可退化为 SAR	24.290***	0.000
	SDM 可退化为 SEM	24.460***	0.000
Wald 检验	SDM 可退化为 SAR	25.290***	0.000
	SDM 可退化为 SEM	22.760***	0.000
Hausman 检验	SAR（固定效应 vs 随机效应）	10.370*	0.066
	SEM（固定效应 vs 随机效应）	10.230*	0.069
	SDM（固定效应 vs 随机效应）	20.120**	0.017

注："*""**"和"***"分别代表 0.1、0.05、0.01 的显著性水平。

表 5-12 为空间面板模型的估计结果。SDM1（-0.2140）和 SDM2（-0.6704）中的空间自回归系数均在 1% 的水平上显著，说明在数字经济和其他解释变量的作用下，老龄事业高质量发展呈现出显著的空间依赖性。本地老龄事业发展水平的提高对相邻地区老龄事业的高质量发展有显著的负向影响。数字经济在所有模型中的回归系数都显著为正，说明在考虑经济发展、社会福利、人口结构等差异的情况下，数字经济对老龄事业的高质量发展有显著的正向影响。然而，由于 SDM 的估计系数存在偏差，不能简单理解为边际效应（Lesage and Pace，2009），回归结果只能对各因素的作用方向做出初步判断。因此，有必要进一步对分解总效应进行深入分析。

表 5-12 空间模型估计结果

变量	SDM1	SDM2	SDM3	SAR	SEM
数字经济发展水平	0.1468***	0.1150***	0.1314***	0.1499***	0.1428***
	(-0.0260)	(-0.0262)	(-0.0267)	(-0.0267)	(-0.0277)
人均GDP对数	0.0350***	0.0399***	0.0399***	0.0391***	0.0361***
	(-0.0110)	(-0.0108)	(-0.0135)	(-0.0103)	(-0.0096)
人均社会福利支出	0.0613***	0.0633***	0.0606***	0.0627***	0.0633***
	(-0.0051)	(-0.0051)	(-0.0051)	(-0.0052)	(-0.0051)
老龄化系数	-0.7049***	-0.5384***	-0.8545***	-0.5167***	-0.4834***
	(-0.1672)	(-0.1375)	(-0.1606)	(-0.1358)	(-0.1302)
Rho	-0.2140**	-0.6704**	-0.0211	-0.1149*	
	(-0.0942)	(-0.2682)	(-0.0676)	(-0.0672)	
Lambda					-0.1719*
					(-0.0973)
N	279	279	279	279	279
R^2	0.5812	0.5772	0.6292	0.5030	0.4870
Log-likelihood	504.8794	511.3656	507.0877	497.1384	497.2680
AIC	-989.7588	-1002.7310	-994.1754	-982.2768	-982.5359
BIC	-953.4466	-966.4191	-957.8633	-960.4895	-960.7487

注:"*""**"和"***"分别代表0.1、0.05、0.01的显著性水平;括号内为标准误;SDM1模型的估计结果基于邻接0-1矩阵;SDM2模型的估计结果基于地理距离矩阵;SDM3模型的估计结果基于经济距离矩阵。

表5-13为SDM模型的空间效应分解结果。直接效应指的是数字经济对本地区老龄事业高质量发展的影响;间接效应指的是数字经济对周边地区老龄事业高质量发展的影响(即空间溢出效应);总效应指的是两者之和。可以看出,三种权重矩阵下的SDM模型结果一致,说明结果具有稳健性。以SDM1模型为例,数字经济发展水平对老龄事业高质量发展的直接效应显著为正(系数=0.1530,P值<0.01),说明本地区数字经济能够促进老龄事业高质量发展。但是,溢出效应的系数为-0.1012,且通过了1%的显著性检验,表明邻近地区数字经济的发展对当地老龄事业高质量发展的影响显著为负。

表 5-13 空间效应分解

变量	SDM1 直接效应	SDM1 间接效应	SDM1 总效应	SDM2 直接效应	SDM2 间接效应	SDM2 总效应	SDM3 直接效应	SDM3 间接效应	SDM3 总效应
数字经济发展水平	0.1530*** (-0.0266)	-0.1012*** (-0.0362)	0.0518 (-0.0449)	0.1345*** (-0.0261)	-0.4984*** (-0.1376)	-0.3638** (-0.1434)	0.1333*** (-0.0271)	-0.1928*** (-0.0515)	-0.0595 (-0.0646)
人均 GDP 对数	0.0335*** (-0.0114)	0.0171 (-0.0180)	0.0507*** (-0.0158)	0.0359*** (-0.0112)	0.0885** (-0.0392)	0.1245*** (-0.0357)	0.0391* (-0.0133)	0.0326* (-0.0182)	0.0717*** (-0.0160)
人均社会福利支出	0.0603*** (-0.0052)	0.0191* (-0.0104)	0.0794*** (-0.0095)	0.0621*** (-0.0050)	0.0357* (-0.0205)	0.0977*** (-0.0209)	0.0606*** (-0.0051)	0.0112 (-0.0078)	0.0718*** (-0.0083)
老龄化系数	-0.7147*** (-0.1696)	0.5388 (-0.3281)	-0.1760 (-0.2538)	-0.5314*** (-0.1455)	0.2534 (-0.8062)	-0.2780 (-0.7406)	-0.8420*** (-0.1552)	0.7653*** (-0.2318)	-0.0767 (-0.2065)

注:"*""**"和"***"分别代表 0.1、0.05、0.01 的显著性水平;括号内为标准误;SDM1 模型的估计结果基于邻接 0-1 矩阵;SDM2 模型的估计结果基于地理距离矩阵;SDM3 模型的估计结果基于邻接经济距离矩阵。

空间效应研究的结论证明了将空间效应纳入计量经济模型的合理性和必要性，即本地区数字经济的发展能促进本地区老龄事业的高质量发展，但会抑制相邻地区老龄事业的高质量发展。造成这种情况可能的原因是，中国省级行政区域老龄事业高质量发展过程中存在虹吸效应，即数字经济发展水平高的地区会利用自身优势吸引生产要素，促进当地老龄事业的发展，但会对相邻城市老龄事业的发展产生负面影响。

第五节　数字经济赋能老龄事业高质量发展的政策建议

一、发展数字技术，推动老龄事业的数字化转型

本章的研究显示数字经济对老龄事业高质量发展具有正向积极影响。该研究结果启发我们可通过发展数字经济，进而推动老龄事业的高质量发展。具体来讲，建议通过采取以下措施，推动数字技术在养老和老年健康服务中的应用。

第一，开展基于数字技术的适老化改造。改造的关键在于以物联网为基础设施，嵌入环境辅助生活技术、无线传感器网络、大数据和机器学习，构建以智能产品为载体，以网络技术为手段的数字化照护环境。这种改造将为老年人带来两种好处：一方面，可以延长社区功能下降的老年人的预期寿命；另一方面，老年人可以在社区独立生活更长时间，从而缓解养老机构护理服务供应不足的问题。

第二，利用数字技术将医疗服务和健康服务融入养老服务中。例如，数字技术在医疗领域的应用，极大地拓展了远程医疗的应用场景和服务效果。数字化媒介极大地丰富了预防性、个性化健康知识的传播路径、深度和广度。智慧养老平台应用的常态化使得居家养老服务的获取更加便捷，甚至改变现有的养老服务模式，为满足老年人多样化的健康服务需求提供更多解决方案。

第三，缩减老年人的数字鸿沟，增强他们使用数字产品的能力。社交媒体的使用对老年人的社会参与产生了积极影响。然而，老年人数字鸿沟的存在可能会阻碍他们享受数字经济的红利。政府可以发挥其主导作用，充分利用多方资源，开展数字教育活动，如开展针对老年人的教育计划，帮助老年人享受数字经济的红利。

二、加快发展第三产业，助推老龄事业高质量发展

本章的另一个重要结论是：第三产业的发展在数字经济与老龄事业高质量发展之间起着重要的中介作用。因此，制定促进第三产业发展的政策成为必要之举，尤其是与养老服务、健康服务和老年教育相关的政策，以提高老龄事业的高质量发展水平。具体来讲，建议通过采取以下措施，来推动第三产业中与老龄服务业相关领域的发展。

第一，引导更多资金流入养老服务业。我国老龄事业的发展是典型的政府主导型模式，但政府财政支持有限，因此可以采取融资优惠、税收优惠、用地优惠等措施，引导更多资金流入养老服务业。

第二，提供更多项目和机会，鼓励更多劳动力进入养老服务行业。养老服务业虽然被认为是朝阳产业，但是当前却面临较大的人才短缺。人才不愿意流入养老服务业的原因是多方面的，既有养老服务业吸引力不强的现实制约，也有经济不景气背景下人们对养老服务业未来发展前景不明确的担忧。政府应加强顶层设计，给予养老项目政策支持；国企应发挥引领和示范作用，培育多方共赢的价值协同观，引导社会力量参与，这样不仅可以提高就业率，还可以增加社会养老服务供给。

第三，政府主动参与医养健康系统的数字化转型，从而提高医养健康服务能力和服务效率，满足老年人日益增长的健康和医疗需求。目前，各级政府部门的数据资产意识不断增强，民政部门主动投入数字化转型大潮，积极开发为民养老服务信息平台，掌握养老服务数据库建设主动权。政府主导的数字化转型具有资源汇聚能力强的先天优势，同时其开发应用的产品又具有示范作用，能够吸引更多社会力量经办企业加入服务业数字化转型过程，提高康养服务供给数量和质量。

第四，创建老年人友好社区和环境，为增加老年人的社会参与创造条件。发挥老年人的作用，使其老有所为，是积极应对老龄化的重要措施。创建对老年人友好的硬件基础和社会氛围，是老年人可以更多参与社会活动的必要条件。数字技术的开发应用不断赋能我国智慧城市建设，使智能设备、智能家居进入寻常百姓家。住宅、建筑、场所的适老化改造将使老年人出行更加便捷，增加其参与社会活动的可行性。

第六章 数字赋能我国老龄事业高质量发展的场景和应用研究

数字时代背景下老龄事业转向高质量发展，离不开数字技术和数字平台的支持。本章将阐述数字技术融入老龄事业发展的应用场景，分析智慧养老平台的结构、功能及案例，研究智慧养老平台在家庭养老床位发展的应用，并对南京市、北京市、上海市、广州市等较早开展家庭养老床位试点的城市进行比较分析。

第一节 数字基建的应用场景

数字基建又称数字化基础设施建设或新基建，是指以5G、大数据、人工智能、云计算、物联网、区块链、工业互联网等信息基础设备建设为核心的基础设施建设。与传统的以重资产投入为主的基础设施建设不同，数字基建以新发展为理念，以技术创新为驱动，以信息网络为基础，面向高质量发展需要，提供数字转型、智能升级、融合创新等服务。

从场景角度来看，数字基建可以划分为三个层级：核心层、外延层与辐射层。核心层提供底层技术支撑，能提高数据处理和传输能力，具体包括5G、工业互联网、人工智能、数据中心以及卫星通信等。外延层是指数字基建衍生出的新兴领域配套基础设施，具体包括服务于新能源产业的充电桩、加氢站，用于自动驾驶的CMOS图像传感器、激光雷达等传感器，以及用于智能制造的仿真软件、自动化机器人等。辐射层为经过数字化、智能化改造的传统基建设施及其新兴细分领域，具体包括传统基建的数字化施工建设与后续运维、城市的智慧升级，以及各类系统的数字化升级等。

随着技术的迭代和各行业新需求的出现，数字基建几乎覆盖了所有行业和领域，成为新一轮科技革命和产业变革的关键支撑和重要物质保障。截至2022年底，我国已累计建设开通5G基站231万个，千兆光网具备覆盖超过5亿户家庭的能力；移动物联网连接数首次超过移动电话用户数，成为全球第一个实现"物超人"① 的国家。

但是，数字基建的应用场景仍然不多。以卫星互联网为例，其运营模式、商业模式等尚处于探索阶段。与5G适配的AR、VR、无人驾驶等相关应用仍然较少。数字信息基础设施具有建设周期长、投资规模大、资金回收慢等特点，投资不确定性较大，盈利模式和投资回报周期均不确定，这在很大程度上影响了社会资本参与的积极性。未来，数字基建效用的发挥还需要持续平稳运行的应用场景。

第二节　数字技术融入老龄事业发展的应用场景

数字化和老龄化交织是当前社会的重要特征。习近平总书记在党的二十大报告中提出要"加快建设数字中国"② 和"实施积极应对人口老龄化国家战略"③，为我国在数字技术飞速发展的大背景下创新应对人口老龄化的工作指明了方向。

一、物联网在智慧养老平台中的应用

物联网基于传感器技术，应用各种智能、便携式、视频等设备，将人与物、物与物之间的信息进行交换，可以为养老平台提供信息传输、定位、监控、智能呼叫等技术功能（万立军等，2020）。随着科学技术的发展，物联网设备的成本不断下降，在智慧养老领域具有非常大的潜力。

（一）智能健康管理

物联网技术可以实现对老年人的健康监测，包括对心率、血压、血糖、体

---

① "物超人"是指移动网络中"物"的连接数超过了代表"人与人"连接的移动电话用户数。这一现象标志着移动物联网的发展进入了一个新的阶段，即从主要服务于人和信息消费，扩展到服务于千行百业，实现"万物互联"的愿景。
② http://www.qstheory.cn/qshyjx/2023-03/03/c1129410192.htm.
③ http://www.12371.cn/2023/04/01/ARTI1680347170701389.shtml.

温等指标的监测和分析。通过对智能设备和传感器的应用,实现对老年人身体状况的全面监测和预警,及时发现并处理健康问题。物联网技术还可以为老年人提供康复辅助服务。智能康复器材可以通过数据分析和远程指导,为老年人提供个性化的康复方案和指导,帮助老年人恢复健康;通过物联网模块的设计,收集和处理大量关于老年人生活环境、日常活动和健康生理的数据,为老年人开发智能护理服务(陈永海,2021)。例如,为失能和半失能的卧床老年人开发的智能床垫,能监测老年人的睡眠情况,并能根据老年人的活动状态信息,发现老年人的异常,以便及时进行有效治疗。中央监控可显示老年人的呼吸频率、心率等数据,以便护理人员为老年人提供及时的帮助。智能摄像头可以对老年人的活动轨迹进行记录和识别。智能体征监测设备则可以对老年人的生命体征进行实时监测和分析。

(二)智能家居设备

智能家居设备包括智能门锁、智能家电、智能家居系统等。这些设备能够通过网络连接,实现远程控制和智能化管理,为老年人提供更加舒适、方便的生活体验。智能门锁可以通过手机远程开关门;智能家电可以通过语音控制;智能家居系统既可以自动化调节室内温度、湿度、光线等环境因素,还可以通过安防监控功能,实现对老年人日常身体状况、行为轨迹的实时监测和预警。比如,监测老年人的日常用水情况,如果某段时间老年人的用水与平时出现较大的差异,智慧养老平台可以及时接收到信息,并立即通知社区,由专人上门帮助老年人。除此之外,智慧养老平台还可以使用烟感报警器、红外检测器、智能门磁等智能家居设备,实现对老年人的全面护理(张建辉、毛丽平,2022)。

(三)智能社交平台

物联网技术可以为老年人提供社交平台,帮助老年人与亲友保持联系,缓解老年人的孤独和焦虑。智能视频电话可以实现远程通话,智能社交软件可以实现在线聊天、分享照片等功能。物联网技术还可以为老年人提供休闲娱乐服务,比如智能电视可以提供丰富的影视资源,智能音响可以提供高品质的音乐体验,智能游戏机可以提供丰富的游戏娱乐等。

二、云计算和大数据在智慧养老平台中的应用

云计算是在物联网发展的基础上,为解决信息存储、处理等问题而产生的,

在信息处理方面更加安全、适用、经济（万立军等，2020）。物联网传输功能模块可检测不同设备的传输需求，并通过无线信道、光纤信道和移动网络将传感器收集的数据安全、准确、可靠地发送到云平台模块。云平台模块统一管理数据，保存和备份云数据，从而实现统一的数据交换接口和智能数据计算。通过智能计算和云服务平台的成果，智能支持平台为养老服务提供各种基本功能系统，比如健康管理系统、远程医疗系统和紧急救援系统等（张建辉、毛丽平，2022）。

大数据技术是在云计算的基础上将大量的信息资源进行专业化处理，为老年人提供精准高效服务的智能手段（万立军等，2020）。智慧养老平台通常将大数据和云计算二者结合起来进行设计与开发。在数据采集阶段，智慧养老平台会收集相关机构提供的传统文字档案、电子档案等结构化数据，然后利用可穿戴设备或传感器，实时采集老年人的血压、心跳、体温、用药记录等半结构、非结构化数据。还可通过视频分析技术、图像处理技术等对老年人是否发生摔倒等意外事件数据进行采集。大数据技术实现了数据采集的不间断性，并根据系统设置的时间间隔或数据阈值将数据上传至平台（唐婷，2023）。在数据管理阶段，智慧养老平台数据生产速度快、数据结构复杂，需要实现对数据的并发访问和实时处理。传统关系型数据库已不能满足大数据管理的需求，而非关系型数据库和分布式数据库技术却能为大数据管理提供重要支持。在构建智慧养老平台的过程中，Hadoop 分布式大数据框架系统得到广泛应用。在数据分析阶段，建立分类分析、关联分析、时序模式分析等数学模型进行数据分类和数据预测，综合老年人的健康数据、就医档案、用药记录、体检记录等，对老年人健康状态进行评估，对可能发生的疾病做出预测和提醒。可以说，智慧养老平台大数据分析建立在具有全貌特征的大数据基础之上，基本不夹杂人为因素，使得数据分析结果更为客观。

三、数字化老龄用品和产品

数字化老龄用品和产品的种类繁多，主要包括可穿戴设备和智能机器人。

（一）可穿戴设备

可穿戴设备是一种可以在人、动物和物品上进行安装的检测设备，能够感知、传递和处理信息。可穿戴设备利用传感技术对老年人的身体进行检测，有利于家属和医护人员实时了解老年人状态，具有轻便免持、快捷高效的特点（刘建军等，2022）。可穿戴设备的使用不会影响老年人的正常生活，而且有些智能穿戴设备的使用简单方便，并不需要老年人进行过于复杂的操作，对老年人来说，它们是很实用的辅助工具。

老年人常用的可穿戴设备主要有智能手环、智能手表等。比如，智能手环的主要功能包括：①内置一键呼救功能，以应付紧急情况；②智能定位功能，该功能可精确定位老年人的位置，将地址信息实时告知家属，以便老人遇到紧急情况时家属能及时进行追踪；③防走失功能，该功能通过将老龄人群的人脸数据录入数据库，在防走失方面发挥着重要的作用；④健康预测功能，系统对每天收集的数据进行分析处理，并形成样本数据，用以预测健康动态趋势。

（二）智能机器人

面向老年人设计的智能机器人在日常生活中的主要功能是进行环境检测、危险动作评估、心理陪伴等，某些特定的机器人还能帮助失能失智老年人进行康复管理（刘建军等，2022）。常见的智能机器人包括陪伴机器人、康复机器人和护理机器人。

陪伴机器人是集人工智能技术、机械制造技术、养老服务等于一体的产品，是一种新型智能化服务机器人。陪伴机器人自20世纪90年代英、美发达国家开始逐渐发展，后来随着人工智能技术的逐渐成熟，从简单的交流机器人逐渐发展为陪伴机器人。陪伴机器人具有传感监控、人机交互、影音娱乐等功能，提供的服务内容主要包括生活陪伴、精神慰藉、日常护理、安全监控、基础诊疗等。陪伴机器人一般内置语音识别、人脸识别、行为识别等功能软件，以及处理器、传感器、控制器、摄像头等硬件设备，从而实现人机交互，完成老年人下达的指令，并对老年人的情绪、身体健康状况等进行判断。随着技术的不断进步，陪伴机器人自主学习能力的不断增强，以及叠加数据收集与存储量的不断增多，其交互、识别等能力和智能化程度得到不断提升。

康复机器人是一种辅助人体完成肢体动作，实现康复治疗、康复护理等功能的医疗机器人，其服务对象主要是脑卒中、脊髓损伤等神经系统损伤的半失能老年人。康复机器人可以通过实时分析老年人康复训练数据，持续反馈康复训练效果，帮助提高康复方案的准确性和康复率。早在20世纪80年代，科学家便开始研究康复机器人。美国、英国和加拿大在康复机器人方面的研究处于世界领先地位。1990年以前全球的56个康复机器人研究中心分布在6个工业区内：北美、英联邦、加拿大、欧洲大陆和斯堪的纳维亚半岛及日本。1990年以后对康复机器人的研究进入全面发展时期。康复机器人的研究主要集中在康复机械手、医院机器人系统、智能轮椅、假肢和康复治疗机器人等几个方面。最早实现商业化的康复机器人是英国 Mike Topping 研制的 Handy 1。2000 年，瑞士 Hocoma 公司的 Lokomat 初版研发出来后，康复机器人便进入了全面发展时期。由于国外康复机器人企业的成功先例以及国产康复机器设备的巨大空缺，许多创业者从康复机器人领域进入养老助残行业。

护理机器人以帮助老年人日常起居为目标，主要解决通便、翻身、警报、健康监测等问题。护理机器人从 20 世纪 80 年代开始发展，最初美国 TRC 公司研发医院用的服务机器人对护士的工作进行辅助，后来由于养老护理的巨大需求，更多关于失能老年人护理的机器人被研发出来。除此之外，还出现了一些为护理人员提供帮助的机器人，以减轻他们的工作负担和工作强度，甚至可以实现多人、全方位管理，并为患者提供更加细致的服务。比如，智能一体化护理床将护理床、电动轮椅、移位功能集中在一台机器人上，降低了移送过程中坠落事故的风险。使用智能位移机器人时只需要扶老年人坐起，将位移机推到床前，无需拖曳和抱扶，就能将老年人轻松抱起，电动升降调节，实现了瘫痪、腿脚受伤的老年人在床、轮椅、座椅、坐便器之间的安全转移。为卧病在床、行动不便的老年人设计的洗浴机器人，通过移动式洗浴系统帮助老年人坐着或躺着洗浴，无需转移到浴室，从而避免老人在移动过程中摔倒。

四、智慧养老平台及移动终端

智慧养老曾有很多代名词，比如数字化养老、信息化养老、科技养老、网络化养老、智能养老等。2013 年后学术界逐步用智慧养老覆盖和替代了上述概念。智慧养老是一个技术业务化的过程，通过各种新兴信息技术的应用，增强养老服务的业务能力，最终实现功能综合的、服务全方位的、线上线下协调补充的、医疗和养老相结合的养老服务。归根结底，智慧养老是通过技术变革升级的服务模式，而非信息技术本身。

智慧养老平台是一个实现养老信息共享的信息化的公共服务平台，借助物联网、大数据等技术建立这样的平台，整合各个专职系统的技术特点和优势，将个人、社区、医疗机构连接起来，完善养老相关功能，从居家养老服务、医养结合服务以及社区服务管理三大模块为老年人提供更全面的养老保障服务。

智慧养老智能移动终端主要包括小程序、App、Web 显示端的交互设计。软件设计中的基础信息、物联网信息和第三方信息形成信息数据资源系统，支持专业型终端、无线 POS 终端、手机终端等不同应用程序，实现信息共享（张建辉、毛丽平，2022）。在软件系统中，老年人可以通过手机 App 或者小程序发送服务需求，上传到居家养老云服务系统，再由养老云服务系统通过用户画像等服务设计工具充分挖掘用户需求,做好相关服务设计优化。除了老年人端 App 之外,还能设计多端交互,实现服务信息交换。比如,家属端 App 支持老年人与家属之间的信息互动及情感交流,使得社区能够提供更优质的服务。医务人员可以使用医护端 App 了解老年人的健康状况、康复患者的诊治和老年人的特殊康复计划等。Web 后台管理端则用于管理用户产生的数据,整合用户订单管理、硬件数据管理和小程序管理,对大量数据进行可视化管理和查询。

五、养老领域政务管理数字化

《中华人民共和国国民经济和社会发展第十四个五年规划和 2035 年远景目标纲要》明确提出,要提高数字化政务服务效能。将数字技术广泛应用于政府管理服务,不仅是建设数字中国的重要内容,也是推动数字化建设成果惠及广大人民群众的有效举措。政务管理数字化可提升养老服务综合监管效能和政府服务供给效能,对助力养老综合监管更有力度(尹艳红,2023)。一是通过模块化管理,实现综合监管。养老服务综合信息平台为民政部门管理人员建设了监管平台,提供数据汇聚分析、工作进展跟踪和监督管理等功能。在平台上开辟专门模块,实现了养老机构疫情防控、涉老防诈、消防安全自查与检查内容直报等。二是通过可视化连线,实现无接触监管。养老服务综合信息平台对养老服务机构实现无接触监管,可实时与养老服务机构、照料中心、居家养老服务站、长者食堂、农村幸福院等进行视频连线,实现对养老服务机构全流程、全链条、全方位监管。三是通过一张图展示,实现社会化监管。养老服务综合信息平台创新建成养老地图,汇聚和展示全省养老服务机构信息,居民用户可通过网站、微信公众号等平台查阅养老服务机构情况,了解已登记备案的正规养老服务机构,有效避免被"黑机构"或"虚构的机构"所蒙蔽。

六、"数字+养老"助力医养结合

在人口老龄化背景下,由于没有足够的人力来提供劳动密集型的养老服务,"数字+养老"服务模式将是未来趋势。2015 年 7 月,《国务院关于积极推进"互联网+"行动的指导意见》(国发〔2015〕40 号)发布,明确提出"依托现有互联网资源和社会力量,以社区为基础,搭建养老信息服务网络平台,提供护理看护、健康管理、康复照料等居家养老服务。鼓励养老服务机构应用基于移动互联网的便携式体检、紧急呼叫监控等设备,提高养老服务水平"。通过数字技术手段,建立智慧养老服务体系,可以降低养老服务对劳动力的需求,提高服务供给效率。

我国于2015年开始实行医养结合服务试点。根据国家卫健委数据，截至2019年底，我国已设立了90个国家级医养结合试点市；22个省份设立了省级试点单位；全国共有近4000家医养结合机构，医疗机构与养老机构建立签约合作关系的达到2万多家。2023年，《关于推广医养结合试点工作典型经验的通知》（国卫办老龄发〔2023〕3号）发布，对试点工作典型经验进行了总结，肯定了试点成效，也标志着国家级医养结合试点工作的结束。未来，各地将积极组织实施全国医养结合示范项目，开展医养结合示范省（区、市）、示范县（市、区）和示范机构创建，发掘培育工作基础好、群众口碑好的典型示范，引领推动医养结合高质量发展。

在国家级医养结合示范区建设中，"数字+养老"是提供养老服务的重要手段，充分利用信息技术，搭建智能化养老信息服务平台，提供与老年人需求相匹配的医养服务，是医养结合服务试点成功的关键（陈廷、刘建兵，2018）。一是建立老年人综合服务管理体系，实现医养结合服务的有机统一。构建医养结合服务的综合管理体系实现老年人医养结合服务目标，不是简单地提供老年人医疗服务或者养护服务，而是应该根据老年人的实际需求，提供有机的整合服务。在机构养老中，养老院或者老年公寓的管理者会对入住的老年人进行行为能力、认知能力、健康状况等全方面的评估，并依据评估结果，给老年人制定日常照护服务方案和健康管理服务方案，从整体上满足老年人养护和医疗等方面的需求。通过老年人综合服务管理体系，实现对老年人的"评估—制定服务计划—监督服务执行—再评估"这样一个闭环的服务生命周期管理。二是建立智能感知的服务平台，转化服务提供方式。受老年人的身体、生理、心理、外部环境等多种因素影响，老年人的服务需求在不断变化，对服务资源的需要也有所不同。例如，为在疾病发生前、疾病治疗过程中以及康复中后等一系列过程和阶段选择合适的服务场所和差异明显的服务方式，这需要在医院、护理院、养老机构、社区和居家等多种类型"医养结合"服务中建立多层次的、可流动的服务体系，形成互联、互通的服务网络。从信息化平台建设方面来看，要从信息感知、服务挖掘和流程再造三个层面实现服务的智能化。信息感知即为获取老年人数据，平台需要整合一系列智能传感设备，全面感知老年人的状态，为整个平台服务提供数据支持。服务挖掘即为对数据的深入剖析利用，借助大数据挖掘技术，对老年人数据进行深入挖掘和分析，提供预测预警和决策支持服务。流程再造是对服务业务的重构，以建立自助服务体系和远程化服务模式。通过简化服务流程，提供自助服务技术支持，让更多的服务能够通过老年人或其监护人自助完成。

第三节 基于大数据的智慧养老平台

智慧养老是一种依托智慧城市建立的养老服务体系。智慧养老平台是融合移动互联网和物联网等技术手段，利用信息资源、人力资源、服务资源及物质资源和高度集成的服务终端等，为失能老年人生活照料和管理等服务的养老平台。

一、智慧养老平台的功能

通过对我国现有智慧养老平台的对比分析，本书将智慧养老平台的功能分为五类，包括生活照料、健康管理、安全监测、社区活动以及监督与评价，如表6-1所示。

表6-1 智慧养老平台的功能

功能	说明
生活照料	家政、配餐、起居、保洁等
健康管理	健康档案、远程医疗、健康监测、健康教育、康复保健等
安全监测	可穿戴设备、一键报警、远程监控、无线定位等
社区活动	人文关怀、娱乐服务、精神慰藉等
监督与评价	监督、评价

（一）生活照料

我国大多数老年人选择居家养老，且处于独立生活状态，很多老年人由于年龄大、生活不方便，在生活上需要他人帮助和照料。为了满足老年人日常生活的多层次需求，北京、上海、广州等城市建立了社区驿站。社区驿站是提供养老服务的重要载体和主要途径，是老年人家门口的"服务管家"（主要包括助餐、助行、助浴、助医等多项服务内容），彻底打通居家养老服务的"最后一公里"。

智慧养老平台提供的生活照料服务包含家政服务、配送服务、起居服务、保洁服务等。家政服务包括护工和钟点工入家服务，可随时预约入家为老人提供照顾服务。配送服务包含送水服务和配餐等服务。送水服务整合周边送水商家，为用户提供多种选择；配餐服务尊重老年人的饮食生活习惯，注意营养，合理配餐。起居服务是协助老人日常起居，包括穿脱衣服和洗澡等。保洁服务包含清洁打扫和家庭全面保洁。

（二）健康管理

健康医疗服务包括健康档案、康复保健、在线就诊等服务。健康管理运用物联网技术和先进、精密的可穿戴设备对老年人各项医疗测量指标如呼吸频率、脉搏、血压、血糖、心电、体温等进行持续监测与收集，为老年人建立健康档案，同时，运用大数据分析技术，融合医疗、行为等多元数据，分析老年人的健康状态，例如，是否患有易发病和慢性疾病，行为是否异常，老年人是否跌倒、卡食、休克等。若发现有异常情况发生，及时通知社区服务人员或老年人子女，并采取相应措施帮助老年人最快获救，以达到保障老年人生命安全的目的。与此同时定期邀请医生和专家开展健康讲座等活动，帮助老年人康复保健。鉴于老年人行动不便等问题，平台扩展后可与同城智慧医疗衔接，组织医疗专家定期在线上与老年人一对一、面对面的双向诊疗，以解决看病难的问题。

（三）安全监测

智慧养老平台包括各类传感器、管理终端和手机（或微信）应用程序，可以实现对老年人的安全监测（黄欢欢等，2021）。在不影响老年人的生活习惯和个人喜好的情况下，根据其身体情况和个体化需求进行适老化居家改造，安装温（湿）度、光照、特殊气体等物理环境传感器，使用血压计、体温计、血糖仪、智能手表、电子胸牌等可穿戴式、便携式设备采集生命体征和实时定位数据。软件工程师和医护人员设定传感器的感应阈值和报警阈值，并为老年人建立个人电子信息档案，通过各类智能化设备和产品对环境和人体进行实时监测，一旦检测指标超过设定范围，立刻向管理终端报警。除此之外，工作人员也可以通过管理终端实时监测所有老年人的生命活动，包括基础生命体征、活动轨迹等。管理终端客服人员通过识别报警信号，选择远程指导、上门服务等不同方式进行管理和干预。

（四）社区活动

社区活动服务包括人文关怀、精神慰藉、文体娱乐和法律援助等。从社会支持的角度来看，通过智慧养老服务平台，失能老年人的子女可以随时知晓老人的身体状况和安全状况，及时有效地为其提供相应的支持。精神慰藉服务具体包括陪聊天、陪散步与心理疏导。社区工作人员根据老人的需求与老人聊天、陪老年人晨练、散步等，还可以安排心理医生为有心理疾病的老年人排忧解难、进行心理疏导。社区通过建立棋牌室、老年人活动室安排和组织老年人聚在一起参加各种文体娱乐活动，丰富其文化生活。社区定期组织法律专家向老年人普及依法维权的重要性，特别针对老年人最为关心的遗产继承、赡养纠纷和老年婚姻等问题进行解答。

（五）监督与评价

监督与评价是指对智慧养老平台服务供给情况进行监督，给予反馈意见，进而助力平台改进服务水平。平台将派工单分为未分派、已分派、服务中、待回访、完成等几个状态，方便工作人员进行过程监督，必要时可介入协助处理，最后对完成的派工单进行评价。

二、智慧养老平台的架构

（一）智慧养老平台的组成对象及其职责

智慧养老平台的组成对象包括政府、企业（企业和社会组织）、老年人、社区医疗机构（医院、医生、护理人员）、网络销售商和运营商六个部分（李卫平、米明，2020）。各组成对象在系统平台中承担如下职责（见表6-2）。

表6-2　智慧养老平台的组成对象及其职责

组成对象	职责
政府	制定标准、政策引导、运营监管等
企业	提供生活照料服务、志愿者服务等
老年人	被服务对象
社区医疗机构	提供医疗诊治、康复、护理等服务
网络销售商	经营健康产品直销平台、网购服务等
运营商	技术支持、信息收集、数据分析、决策咨询等

政府是主导者和监督者，负责宏观调控。首先是制定标准，要求养老平台

设计成一个开放的系统,提供第三方标准接口,能对接智慧医疗、第三方电商等其他一些平台。政府管理部门通过了解老年人需求,制定以需求为导向的服务标准和收费标准,作为企业开展服务工作的重要依据。其次是政策引导,对重点推广的项目进行合理的政府补贴,引导养老行业的发展。最后是运营监管,建立第三方评估机制,对养老平台的日常运行、服务内容及质量进行全程监督和管理,保证规范化运营。为了保证社区养老服务提供方的服务质量,政府建立第三方评估机制,委托第三方机构,依据老年人对服务完成质量的反馈评价及运营商提供的数据,对服务企业进行评估,淘汰服务不达标的企业,保证服务质量。

企业是提供服务的法人,分为服务企业和社会组织。服务企业提供老年人日托和上门服务,如生活照护、家政、点餐送餐、心理慰藉、法律援助等,服务项目一般都是收费的;社会组织是"互联网+居家养老"服务平台构建的参与者,不以营利为目的的机构,如志愿者机构等,在系统中发挥重要作用。

老年人是被服务对象。服务企业按照老年人的需求提供针对性服务项目,老年人通过平台选购获取所需服务。一是服务企业在线上发布服务项目,老年人在线上选购,在线下享受服务及对服务进行评价;二是解决老年人的社交娱乐需求,社区提供各种娱乐和社区活动,通过情感交流与沟通,丰富老年人的精神世界,达到健康养老的目标。

社区医疗机构提供看病就医服务。居家养老服务平台充分发挥社区医疗机构的作用,借助简易高效的医疗佩戴设备,为老年人提供生命特征全面监控,同时提供医疗诊治、康复、护理等多元化的上门服务,使老年人足不出户就能享受到专业医疗服务。

网络销售商提供商品销售与导购服务。一是自主经营健康产品直销平台,为老年人提供合格的健康养生产品,满足老年人保健养生的心理需求;二是提供第三方网购平台的接口,方便老年人网购。

运营商提供技术支持和信息收集服务,辅助政府进行过程监控和管理,利用大数据分析为政府和企业提供决策参考。

(二)智慧养老平台的层次结构

从技术视角来看,智慧养老平台建设普遍采用传感器、执行器、物联网、云计算等技术手段,进行综合运用,同时重视平台的扩展性与可开放性,主要围绕远程照顾、远程医疗、智能辅助设备及健康数据监控等内容进行设计研究。从业务运营视角来看,智慧养老平台的设计架构和运行主要围绕生活需求、社交需求、医疗需求、安全需求这几个模块展开。智慧养老技术平台负责收集、整理、融合相关的信息和数据,并将其投射至智慧养老市场平台,使信息得以增值,价值得以变现。

按功能结构划分,智慧养老平台一般可分为用户层、访问层、应用层、资源层和支持层五个层次(李卫平、米明,2020)。其中,用户层和访问层是人机接口,应用层、资源层和支持层完成数据处理,具体见表6-3。用户层包括智慧养老平台的所有参与主体,由老年人、政府、企业、社会组织、运营商等组成。访问层由智能终端、亲属门户等远程访问平台组成,分为一键呼叫中心、手机App、PC网站三部分。用户层通过登录网站、线上服务软件和各种智能终端与智慧养老平台进行互动。比如,老年人子女可使用手机App在线为老年人预订各类服务,方便实用。应用层包括不同的子系统,例如一键求助系统、生活服务系统、健康管理系统、社会娱乐系统等。比如,考虑到老年群体的特殊性,无法灵活操作各类电子产品,平台专门设置一键呼叫中心,老人只需拨打电话,一键呼叫中心的服务人员便可通过PC网站为老人下单,帮助老人轻松对接所需资源。资源层包括基础数据库、GIS数据库等,为应用层提供数据支撑,将老人相关数据进行有效整合。支持层为整个平台提供技术保障和支持,主要分为应用支撑、硬件支撑和网络支撑三个方面,包括网络、存储设备、传感器、云平台等。

表6-3 智慧养老平台层次结构

层次结构	组成
用户层	老年人、政府、企业、社会组织、运营商等
访问层	智能终端、亲属门户等远程访问平台
应用层	一键求助系统、生活服务系统、健康管理系统、社会娱乐系统等
资源层	基础数据库、GIS数据库等
支持层	网络、存储设备、传感器、云平台等

(三)智慧养老平台的信息需求与来源

智慧养老平台的信息需求主要分成三类,分别是基础信息、网络信息、第三方信息,它们分别有着不同的信息来源(郭骅、屈芳,2017)。基础信息是以老年人个体为基本单位的静态档案信息,反映了老年人个体的经济能力、保障水平、健康状况、家庭情况和文化特征等，基础信息源于对老龄人群各种档案类资源的梳理、厘清和融合。在我国，这些档案类资源往往归属于不同的政府行政部门。网络信息包括互联网信息和物联传感信息，是各类信息通信网络承载的老年人的行为轨迹和内容痕迹。互联网信息既能反映老年人个体的行为偏好、服务需求、兴趣爱好，也能反映老年人的社会关系和资源能力，互联网信息源于对社交媒体和互联网站的信息爬取。物联网信息跟踪反映老年人的实时状态，并支持实时控制智能设备以满足业务需求，物联网信息源于各种穿戴式、便携式、固定式、移动式、非接触式的传感设备。第三方信息是与养老服务业务相关的环境数据和统计信息，源于第三方业务系统的信息为智慧养老平台提供开展养老服务的外部环境的信息，包括民政、气象、医疗、城管等，源于第三方数据公司的信息为智慧养老平台提供各相关领域的数据分析和调用结果，第三方信息的接入是实现跨领域数据融合的基础条件。

三、智慧养老平台个案

（一）科大讯飞天津"银发"智能服务平台

1. 基本情况

天津"银发"智能服务平台是科大讯飞"科技乐老"综合智能服务平台为天津市民量身定制的解决方案，于2021年5月18日正式开始运营。该平台聚焦老年群体的高频事项和服务场景，重点面向智慧关怀、随身守护、生活服务、健康管理、应急保障、AI 热线等方向，打造了语音随访、健康检测、应急救助、咨询外呼等多个服务场景。采用"1+3+4"的服务模式，即1个市级服务平台，水、电、燃气3项数据，配备红外探测器、SOS 一键报警设备、智能血压仪、智能手环4类智能感知设备。运用人工智能、物联网等科技手段实现云网技术赋能，能够做到关爱老年人"智能暖心"、应急救助"一键呼叫"、基层服务"一键到达"，着力提升数字时代老年人的科技获得感、生活幸福感，助力老年人跨越"数字鸿沟"。

（1）典型服务场景之一：应急救助。平台通过接入老年人家庭用电、水、燃气、供热等生活数据，以及可穿戴设备检测到的血压等身体数据，分析数据突变情况并进行研判，及时发布预警信息。在发现异常情况后，第一时间通知老年人子女及网格员对老年人进行应急救助。同时平台可以对老年人进行智能外呼高效随访，降低异常事件发生风险的概率；打造的网格员 App 及家属小程序，可供老年人子女及网格员在线查看老年人健康情况，为老年人提供更周到的生活监护服务。

（2）典型服务场景之二：陪伴服务。通过平台智慧陪伴终端设备的语音交互模式，可以设置家人的声音与老人进行实时对话互动，让老年人能时刻感受到家人在身边的安全和温馨。针对特定慢性病症可以给出科学的指导意见，方便老年人更合理健康地生活。在中新天津生态城，为了便于老年人获取即时资讯，智慧陪伴终端设备还提供语音播报新闻事件、音乐戏曲等相关丰富资源。可以根据老年人的兴趣，设置播放不同的音乐或者评书等陪伴老年人的日常；同时，支持亲情视频通话，以及亲情照片视频收发等便捷性操作，拓展老人与亲人的联系纽带。

2. 取得的成效

天津"银发"智能服务平台自2021年上线以来，取得了令人瞩目的成效。2021年11月，国家发改委为贯彻落实国务院办公厅《关于切实解决老年人运用智能技术困难的实施方案》，在全国范围内征集一批运用智能技术服务老年人典型案例，以形成一批可复制可推广的成果，为解决老年人"数字鸿沟"问题提供示范经验。由科大讯飞承建的天津"银发"智能服务平台从89个案例中脱颖而出，成功入选14个第一批示范案例。截至2022年底，该平台已覆盖天津市13个区，累计接入4万余户，其中2.6万户为重点关爱人员，累计关怀外呼13万余次，发送短信3.8万条，处置告警事件1.5万起，有力地践行了国务院办公厅印发的《关于切实解决老年人运用智能技术困难的实施方案》相关部署，切实有效地给老年人群体带来更体贴的帮助和更温暖的关爱。

3. 特色与亮点

天津"银发"智能服务平台是融合物联网、大数据及人工智能技术，探索人工智能养老社会实践的成功案例。围绕当前老年人在社区居家养老过程中面临的居家独处安全问题、医养结合的共性需求问题、数字时代老年人面临的"数字鸿沟"等普遍社会性问题，给出了人工智能相结合的科技乐老解决方案，是老龄化时代基层社会治理的创新范例。

（二）百度五福 AI 助老计划

1. 基本情况

百度五福 AI 助老计划是百度公益推出的智慧助老项目。自 2021 年 8 月 11

日在北京正式发布后,该项目以公益捐赠的方式入驻养老驿站及社区街道等为老服务调度中心,集成专业的定制化内容及社区周边服务供给能力为辖区老年人提供智能化的体验与陪伴。百度五福 AI 助老平台搭载五福助老版本小度智能屏,基于老年人日常生活高频事项和服务场景,为社区老年人提供相应的日常生活服务,包含休闲娱乐、日常养生、健康管理等多个模块。其中,健康管理模块引入了慢性病管理、在线问诊等服务,休闲娱乐模块可供老年人浏览新闻、观看视频等。

(1) 典型服务场景之一:健康管理。依托于百度强大的技术支持,依靠综合治理后台数据分析系统,百度五福 AI 助老平台可通过老年人的使用习惯了解老年人不同时期的健康需求。例如,小度智能屏可以定时提醒老年人服药、锻炼身体,并记录下老年人的健康、行为信息,如饮食、睡眠状况以及血压、血糖指标等。平台联合北京体育大学研发的健身运动视频,包括 215 条养生指导、300 多条运动健身功能维持指导,并引导老年人每天跟着锻炼。在 AI 智慧健康管理方案的帮助下,有效实现了老年人的蔬果摄入量的提升和脂肪、盐、糖摄入量的控制;与此同时,老年人的睡眠质量、健康认知水平与运动锻炼时间也得到了不同程度的改善与增加,而视频通话、生活助手、语音陪伴等功能也使老年人的愉悦感和幸福感有所提升。

(2) 典型服务场景之二:社区服务。百度五福 AI 助老平台还将老年人与社区连接起来。通过综合治理后台,该平台和线下驿站社区形成闭环服务体系,可一站式解决老年人的社交、生活服务、健康管理等需求,极大地提升了养老服务质量效率水平。在后台数据分析平台,不同内容和服务功能的使用比例都能一一呈现。当"防摔倒"关注度达到最高时,社区在了解这一需求变化后会联合平台有的放矢地增加一些与防跌倒相关的保健操视频、医学知识、养生指导等内容,从而不断地提升社区的服务质量,更好地为老年人服务。

2. 取得的成效

目前,百度五福 AI 助老项目已在北京、河北秦皇岛、辽宁鞍山、江西赣州等地的多个社区成功落地。该项目累计输出了 300 期以上的运动促进健康类视频、200 余条养生内容、五大心理舒缓解决方案。根据清华大学老龄社会研究中心发布的《社区智慧健康养老服务研究报告》,老年人使用百度五福 AI 助老版本小度智能屏的频率每天都在 2 小时以上,孤寡老年人更是接近 3 小时。从使用的模块满意度来看,舒缓娱乐和信息获取占了很高的比例,可以说该项目在精神生活方面真正弥补了老年人生活的很多不足。未来,百度公益将推动

"智慧养老，公益助力"活动，让百度五福 AI 助老项目走进并落地更多城市，为老年人家庭切实地感受智能化与传统养老服务交融为日常生活带来的便利。百度五福 AI 助老项目帮助老年人获得了更加健康的生活方式，增强了老年人的认知能力，使老年人的精神生活变得充实而愉快，提升了老年人的生活质量。

3. 特色与亮点

百度公司是拥有强大互联网基础、行业领先的 AI 公司。五福 AI 助老计划集成了百度大脑 6.0 的相关 AI 能力、小度智能屏硬件终端以及赋能社区智慧治理综合平台，为老年人配备更简便易操作的智能设备，提供权威专业的内容服务以及贴心的社交生活陪伴，为老年人带来全新尝试和便利。利用物联网、云计算、大数据、智能硬件等新一代信息技术，探索智能设备在养老中的作用，推动养老服务智慧化升级，提升养老服务质量、效率和水平，让老年人共享信息化发展成果，为中国老龄化社会问题提供具有创新智慧和技术温度的解决方案。

第四节 智慧养老平台在家庭养老床位建设中的应用

一、家庭养老床位需求分析

从养老服务供给主体来看，养老方式主要分为机构养老、社区养老和家庭养老。养老服务可以分为社会养老服务和家庭养老服务，前者是由政府、社会组织、企业、志愿者等社会力量为老年人提供的各种生活所需的服务，后者是由家庭成员、亲属或邻居提供的非正式养老服务。人口老龄化不但增加了家庭养老负担，也形成了巨大的社会养老压力和公共服务供给负担。养老服务有效供给不足与实际需求旺盛的结构性矛盾十分尖锐。机构养老设施呈现优质公办养老机构床位供不应求、普通民办养老机构床位空置率高的尴尬局面。社区养老设施存在服务供给与需求不匹配、运营资金不足、发展质量不高等问题。

居家养老是老年人选择最多的养老模式，家庭是养老服务供给的最主要场所。北京、上海等地曾提出"9064"和"9073"养老服务格局，即 90% 的老人居家养老，6% 或者 7% 的老人在社区养老，4% 或者 3% 的老人选择入住机构。但是，民政部门最新调查结果显示，这一养老服务格局已经发生改变，99% 的老人选择居家养老，只有不到 1% 的老人选择机构养老，并且失能失智老年人中有八成到九成也选择居家养老。随着年龄的增长，老年人面临身体机能退化、认知功能障碍等健康问题，甚至出现失能失智症状。统计数据显示，截至 2020 年底，我国 60 岁以上失能老年人口已超过 4200 万人。失能失智老年人作为特殊的老年群体，对疾病诊疗、康复、护理、生活照护等方面服务的依赖程度较高，且在服务供给、专业支持等方面有着较为严格的要求。但是，社区提供的居家养老服务多聚焦于一般性的日常生活服务类项目，老年人需求较大的长期照护、康复护理、心理辅导、精神慰藉等更加专业的服务供给相对不足，失能、失智、高龄、空巢老年人的特殊刚性需求难以被照顾到。由于各种各样的原因，居家养老资源的空间布局往往缺乏统一规划，很多城市的居家养老服务资源分布与老年人口规模及实际需求不匹配，市场能够实际提供的居家养老服务内容普遍单一、服务层次较低，不能满足老年人的居家养老服务需求。

由于受到满足照料条件的高质量养老机构往往"一床难求"，老年人入住养老院等待时间长，以及传统观念、家庭情感等因素的影响，当前失能失智老年人的照护多由其配偶或子女等家庭成员承担。但大部分老年人的家庭成员并非专业照护人员，其照料水平往往不能满足失能失智老年人所需的较高护理要求；另外，失能失智带来的生活不能自理、精神行为失常等，往往会给家庭照护者带来繁重的护理任务和较大的精神压力，也会影响照护者的正常工作与生活，造成"一人失能，全家失衡"的现实难题。因此，有失能失智老年人的家庭对医养结合和上门照护等养老服务项目的需求更为迫切。

家庭养老床位建设的探索正是为了解决居家失能失智老人的特殊需求，满足老年人养老不离家的愿望，把养老机构专业化的养老服务延伸到家庭。尽管各个政策文件对家庭养老床位给予不同的定义，但其基本内涵是一致的，即以养老机构为依托，以社区养老服务中心为支点，为日常生活困难尤其是失能失智老人提供"类机构"居家养老服务。家庭养老床位建设的初衷是让居家老年人享受连续、稳定、专业的养老服务。因此，从服务理念来说，家庭养老床位建设顺应老年人的居家养老需求，具有巨大的市场潜力。

二、家庭养老床位供给分析

（一）试点政策分析

本书在第二章第二节介绍了我国家庭养老床位试点的基本情况。2017 年，江苏省南京市率先开展了家庭养老床位建设探索。截至 2023 年，全国 24 个省、自治区、直辖市有超过30个城市陆续开展了家庭养老床位试点。表6-4列出了较早开始试点的部分城市家庭养老床位政策文件。

表6-4 较早开展家庭养老床位试点的部分城市政策文件

省级行政区	城市	文件
江苏省	南京市、苏州市	《南京市家庭养老床位试点实施办法（暂行）》（宁民规〔2017〕1号）、《省政府关于进一步推进养老服务高质量发展的实施意见》（苏政发〔2019〕85号）、《苏州市家庭养老夜间照护床位建设运营管理办法（试行）》（苏政民老〔2020〕14号）、《江苏省家庭养老照护床位建设和服务基本规范》（苏民养老〔2021〕21号）
浙江省	杭州市	《杭州市家庭养老照护床位试点工作方案》（杭民发〔2020〕109号）
北京市	北京市	《关于加快推进养老服务发展的实施方案》（京政办发〔2020〕17号）、《北京市养老家庭照护床位建设管理办法（试行）》（京民养老发〔2021〕47号）
上海市	上海市	《上海市开展家庭照护床位试点方案》（沪民养老发〔2019〕29号）
广东省	广州市、深圳市	《广东省加快推进养老服务发展若干措施》（粤府办〔2019〕23号）、《关于全面开展家庭养老床位建设和服务工作的》（穗民规字〔2021〕5号）、《深圳市家庭病床管理办法》（试行）、《深圳市开展"0570"老年人居家适老化改造实施办法（试行）》（深民规〔2023〕4号）

（二）试点方案比较分析

南京市、北京市、上海市、广州市作为老年人口规模较大、开展试点时间较早的城市，其家庭养老床位试点政策具有一定代表性，本研究将从服务对象、服务要求、服务项目、适老化改造、项目补贴五个方面对这四个城市的家庭养老床位试点方案进行比较和分析。

1. 服务对象

表6-5为南京市、北京市、上海市、广州市家庭养老床位服务对象的范围。从表6-5可以看出，家庭养老床位目前主要针对本地失能失智、半失能老年人，也有一些文件政策，会照顾到残障老人，但均需要经过老年人照顾需求等级评定。在户籍方面，南京市、北京市以及上海市的服务对象对户籍有明确

要求,主要针对户籍所在地为当地的老人;广州市对于户籍没有要求,只要求老人的居住地为当地。就老年人自理能力而言,南京市、北京市家庭养老床位服务对象主要解决的是失能失智、半失能、残障老人的养老刚需,而上海市、广州市则扩大了服务对象范围,考虑到了家庭有照料条件暂时不需要入住养老机构的老年人。

表6-5 四个试点城市家庭养老床位服务对象

城市	服务对象
南京市	本市户籍失能失智、半失能老年人
北京市	具有本市户籍、居家生活并经老年人能力综合评估确定为重度失能的老年人和重度残疾老年人,城乡特困供养人员可扩展到中度失能老年人
上海市	本市60周岁以上、居住在家中的需要照护的老年人
广州市	居住在本市行政区域内,有养老服务需求,但因各种原因未入住养老机构或目前家庭有一定的照料条件、暂时不需要入住养老机构,须接受本市老年人照顾需求等级评定

2. 服务要求

表6-6为南京市、北京市、上海市、广州市家庭养老床位服务要求。服务要求包含对服务机构的资质要求、开展服务项目的要求、服务人员要求、服务时间及质量要求等。从表6-6可以看出,四个试点城市均要求开展家庭养老床位的养老服务机构具备一定的运营经验,并配备相应的团队人员和设施设备,具有紧急响应能力。但是,在服务要求细节上各有不同,南京市和北京市家庭养老床位主要针对失能失智和半失能残障老人,服务对象具有针对性,非营利性目的较强,所以对服务机构的资质要求、开展服务的项目,以及服务人员、服务时间和质量做出了统一的具体要求。而上海市和广州市家庭养老床位服务对象较为多元,营利性目的和非营利性目的并存,所以没有对服务要求做具体的统一要求。例如,在服务机构资质方面,南京市要求服务主体为经民政部门设置批准的A级以上养老机构和AAA级以上居家养老服务中心,北京市要求服务主体为依法登记并在民政部门备案、服务质量星级评定为二星级及以上的养老服务机构,上海市要求运营单位已有一年以上养老服务机构运营经验,广州市则要求养老服务组织、护理站为依法设立或备案的养老服务组织和护理站。

表6-6 四个试点城市家庭养老床位服务要求

城市	服务要求
南京市	①服务机构需是经民政部门设置批准的A级以上养老机构、AAA级以上居家养老服务中心;②服务人员持证上岗;③安装必要的信息化服务和监管设施及紧急呼叫服务设备;④签订家庭养老服务协议3个月以上;⑤护理人员每日上门服务时间不少于1小时,月累计时间不少于30小时,服务组织应将家庭养老床位纳入每天24小时管理,并提供24小时紧急服务;⑥满足家庭养老床位服务基本内容,鼓励各养老服务机构按照老人的服务需求提供个性化服务。老人满意度调查满意率不低于90%
北京市	①服务机构需是依法登记并在民政部门备案、服务质量星级评定为二星级及以上的养老服务机构;②内部设置医务室、护理站等医疗机构,或与医疗机构签订合作协议,能够为养老家庭照护床位服务对象提供基本医疗服务;③能24小时接收处理养老家庭照护床位服务对象的求助和信息管理系统的风险提示信息,15分钟内进行回应处理并提供相关服务;④养老服务机构应为服务对象安排专门的服务人员上门提供照护服务;⑤服务人员应是与养老服务机构签订劳动合同或劳务协议的工作人员,或是与养老服务机构有合作协议单位的正式工作人员
上海市	①服务机构需运营一年以上,或其运营单位已有一年以上养老服务机构运营经验;②配备包括照护计划制订、养老护理、社会工作、心理咨询、营养保健等服务开展所必需的团队,团队人员均应符合行业要求并具备相关资质或能力;③建有服务派单管理系统或机制,具备应急响应设施设备与处置能力
广州市	①服务机构为依法设立或备案的养老服务组织、护理站;②应积极提升专业化水平,配备与开展家庭养老床位建设和服务相适应的设施设备、人员团队、信息系统,参照养老机构管理和服务相关标准配备养老护理员并实行24小时值班

3. 服务项目

表6-7为南京市、北京市、上海市、广州市家庭养老床位服务项目。这些项目针对失能失智、半失能老人刚需,即老年人健康、日常生活、康复、慢性病管理、助餐助浴、精神关怀等服务,各地就这六大板块进行了服务细化,并规定了详细的服务准则。从表6-7可以看出,四个试点城市的养老服务项目主要包括生活照料、康复护理、医疗护理、精神慰藉等方面,但各城市在服务内容和形式上也有一定区别。

表6-7 四个试点城市家庭养老床位服务项目

城市	服务项目
南京市	生活照料、电子信息化、康复护理、医疗护理、精神慰藉、文化娱乐等服务
北京市	生活照料、康复护理、健康管理、辅具支持、心理服务、居家安全协助等服务,并为家庭照护者提供护理技能提升培训
上海市	机构式长期照护(包括健康管理、身体护理、生活照料、心理慰藉、康复训练、医疗护理以及远程响应、紧急援助等)、阶段性专项照护(包括术后康复、家庭喘息式短期照料等)、机构设施共享服务、家庭照护增能服务
广州市	康复护理、医疗保健、个人护理、生活照料、精神慰藉、定期巡访等专业服务,并根据老年人服务需求提供个性化服务

南京市和北京市的服务内容比较相似,都主要围绕生活照料、康复护理、医疗护理等方面展开。其中,南京市的服务项目具体细化到每日三餐服务、清洁服务、照料护理等方面,而北京市则强调了家庭照护者的护理技能提升培训。上海市的养老服务机构相对来说更加全面,除了生活照料、康复护理、医疗护理、心理慰藉等方面,还提供了远程响应、紧急援助等服务,及针对性的术后康复或健康异常期间的个性化服务和短期照料等。同时,上海市还提供机构设施共享服务、家庭照护增能服务等服务项目。广州市的服务项目主要集中在康复护理、医疗保健、个人护理、生活照料、精神慰藉、定期巡访等方面,但服务机构可以根据老年人的身体状况和服务需求,结合服务项目、服务时间、服务频次、收费价格等设置阶梯式的服务项目清单,以老年人需求为导向,提供个性化服务。此外,广州市支持服务机构对老年人住所进行适老化与智能化改造,并全部纳入家庭养老床位统一管理。

4. 适老化改造

表6-8为南京市、北京市、上海市、广州市家庭养老床位服务适老化改造项目和要求。对于选择居家养老的老人,居家环境是其主要活动场所,身体机能的老化与环境的不匹配日益影响其正常生活,也为上门服务和老年人紧急呼叫制造更多问题,所以在适老化项目实施中,首先要对老年人生活环境进行评估,然后根据其需求进行适老化改造。

从表6-8可以看出,四个试点城市在适老化改造方面都注重提供更好的居家养老服务条件,强调安装必要的信息管理系统和电子信息服务设备,如紧急呼叫器、智能感应设备等,以提高老年人居家生活的安全性和便利性。家庭养老床位建设的核心是通过居家信息化部署、适老化改造、智能化改造、床位实时监测、专业照护服务五位合一的入户服务方式，实现长者居家养老24小时综合保障。普通居民住宅缺少相关建设的通则和标准，在专用性和功能性上都没有针对老年群体做出适应性的变化。这既给老人生活带来不便，也存在一定的安全隐患。适老化改造项目通过增加紧急呼叫、安全扶手、地面防滑等适老化智能化设备，有针对性地对符合条件的老年人居家环境进行家居改造，将养老院般标准化的服务搬进老年人家中，有效实现居家养老服务提质增效。通过智能改造为老人提供健康监测、慢性病管理、安全出行等服务。例如，通过睡眠监护仪、智能床带等提供呼吸心率等体征监护，实现异常体征和病症隐患警告，等等。

表6-8　四个试点城市家庭养老床位适老化改造项目和要求

城市	适老化改造
南京市	①在服务对象同意的前提下给予必要的适老化改造，基本满足失能失智、半失能老人居家养老服务需求；②安装必要的网络信息服务系统和电子信息服务设备，主要包括呼叫应答、信息传输和服务监控监督等设备
北京市	①根据需要进行家庭适老化改造，居家环境基本满足重度失能老年人和重度残疾老年人的居家养老服务条件；②安装必要的信息管理系统和电子信息服务设备，包括紧急呼叫、智能穿戴、智能感应、远程监控、信息传输等设备
上海市	①对老年人居家环境开展必要的适老化改造；②配置护理床、康复辅具等设施设备；③安装离床感应、体征监测、紧急呼叫、异常报警、定位等智能设备；④在保护老年人隐私的前提下，配备如定位打卡、红外监控、声音录制等过程监控设备
广州市	①对老年人住所的卧室、卫生间、浴室、厨房、客厅等关键位置进行适老化改造，营造无障碍空间；②为老年人住所安装必要的网络信息服务系统和电子信息服务设备，如防走失装置、紧急呼叫器、烟雾/煤气泄漏/溢水报警器等智能化设备；③床位实时监测

在适老化改造项目的具体实施上，各个城市根据自身情况和需求有所区别，如设备配置和服务监管等方面有所不同。在设备配置方面，北京市在设备配置上考虑了失能老年人是否长期卧床等实际情况，着重配备无障碍设施、护理型床和智能化监控照护设备；上海市的设备配置更加全面，包括离床感应、体征监测、定位等智能设备，同时也强调保护老年人隐私。在服务监管方面，南京市将养老服务机构的服务监管统一纳入市、区级平台，实现实时监管；广州市通过信息化系统和智能化设备将家庭养老床位纳入24小时动态管理和远程监

护,提供实时监测和紧急援助。

四个试点城市的家庭养老床位试点政策文件分别从不同程度对适老化改造进行了要求,其中搭建信息化平台和安装紧急呼叫设备是必要选项。与其他三地不同,广州市较为细致地罗列出了家庭养老床位适老化改造项目参考列表,为老年人生活的各个方面(如地面改造、门改造、卧室改造、如厕洗浴设备改造等)都注明了可以改造的基础项目和可选项目,给老年人提供了选择的空间。

5. 项目补贴

表6-9为南京市、北京市、上海市和广州市家庭养老床位服务项目补贴政策。家庭养老床位项目补贴是由政府主导,为促进该养老模式的快速形成和吸引多方专业养老服务机构组织及社会资源参与进来,根据当地情况制定相应的补贴政策。这一部分也是各地介入家庭养老床位建设之中的一个重要板块,涉及政府如何根据当地情况制定政策,养老服务机构如何获得政府补贴。从表6-9可以看出,四个试点城市养老服务机构均可以享受政府给予的运营补贴或奖励,以鼓励提供家庭照护床位服务。针对特定条件的老年人,各地都提供了相应的补贴或资助,包括居家照护服务费用、适老化改造补贴、医疗保险等。

表6-9 四个试点城市家庭养老床位项目补贴

城市	项目补贴
南京市	①养老机构收住本市户籍半失能、失能失智老人,基准运营补贴分别按每人每月160元、240元的标准发放,其中收住对象为本市户籍低保"双失"(失能、失智)老人的,按每人每月400元标准发放;②AAA级以下、AAA级、AAAA级、AAAAA级养老机构运营补贴分别享受基准补贴的0.9倍、1倍、1.1倍、1.2倍。补贴经费由市、区各承担50%
北京市	①符合条件的重度残疾老年人家庭,申请进行养老家庭照护床位适老化改造,享受居家环境无障碍改造补贴;②各区民政局会同同级财政部门制定本区失能老年人家庭适老化改造支持政策,可将配置智慧健康信息化养老服务设备一并纳入适老化改造并给予相应补贴;③养老家庭照护床位补贴参照养老机构床位运营补贴政策执行,市财政按照每床每月500元标准给予各区补助;④卫生健康部门应将享受养老家庭照护床位的老年人纳入基层医疗卫生机构家庭医生签约范畴,提供免费建立健康档案、免费体检、预约转诊、开具长处方等服务;⑤符合家庭病床条件的可申请开设家庭病床,医保定点医疗机构按照家庭病床规定进行管理,提供医疗服务,发生的医疗服务费用纳入医保实时结算;⑥签约的养老服务机构应为养老家庭照护床位购买养老服务机构综合责任保险,可享受政府补贴政策

续表 6-9

城市	项目补贴
上海市	①对开展家庭照护床位服务的养老服务机构，由市级福利彩票公益金给予"以奖代补"家庭照护床位运营奖。经老年照护统一需求评估为二级以上的人数达到30人且服务开展符合规定的，一次性奖励10万元。在每年开展的家庭照护床位服务质量日常监测中，对监测结果为"良好"的，奖励5万元；监测结果为"优秀"的，奖励8万元；②养老服务机构为长期护理保险定点机构的，其家庭照护床位服务对象发生的符合长期护理保险规定的居家照护服务费用，按照长期护理保险有关规定进行结算；③家庭照护床位服务对象符合本市养老服务补贴要求的，可按照规定享受相应补贴
广州市	①经评估为照顾需求5～6级的老年人，由服务机构每日派服务人员上门提供不少于1小时的照护服务，每人每月资助500元；②经评估为照顾需求3～4级的老年人，由服务机构派服务人员上门提供服务，每月上门次数不低于12次（同一天多次上门的只计1次），每月服务时间不少于28小时，每人每月资助300元；③经评估为照顾需求2级的老年人，由服务机构派服务人员上门提供服务，每月上门次数不低于8次（同一天多次上门的只计1次），每月服务时间不少于16小时，每人每月资助200元；④服务对象符合规定的，可享受相应资助标准的就餐补贴、送餐补贴；⑤服务机构为长期护理保险协议定点机构的，其家庭养老床位服务对象发生的符合长期护理保险规定的支付费用，按照长期护理保险有关规定结算

四个试点城市主要基于规定家庭养老床位服务的老人数和服务质量制定补贴政策，各地具体补贴政策各有不同。不同城市对于服务对象的照护需求级别、提供的服务时长和频次以及补贴金额有所不同。南京市、北京市、广州市按每床每月的标准给予养老机构运营补贴，上海市采取"以奖代补"对符合奖励条件的养老机构按年发放补贴。例如，南京市对养老机构收住本市户籍半失能、失能失智老人，基准运营补贴分别按每人每月160元、240元的标准发放，其中收住对象为本市户籍低保"双失"（失能、失智）老人的，按每人每月400元标准发放。AAA级以下、AAA级、AAAA级、AAAAA级养老机构运营补贴分别享受基准补贴的0.9倍、1倍、1.1倍、1.2倍。北京市政策规定市财政按照每床每月500元标准给予各区补助。各试点城市针对的服务对象范围可能存在差异，例如，对于残疾老年人、失能老年人或特定户籍老年人的补贴条件略有不同。广州市对每张家庭养老床位收住经本市老年人照顾需求等级评定为照顾需求等级2～6级的广州市户籍老年人，对按规定标准提供服务的服务机构

给予护理资助。上海市根据每年开展的家庭照护床位服务质量日常监测结果和老年照护统一需求评估为2级以上的人数达到30人且服务开展符合《上海市开展家庭照护床位试点方案》规定的养老服务机构，采取"以奖代补"家庭照护床位运营奖给予一次性补贴。每个城市的具体政策执行细则可能存在差异，包括补贴资金来源。南京市的养老机构收住老人的基准运营补贴由市、区各承担50%；北京市的养老家庭照护床位适老化改造、智慧健康信息化养老服务设备补贴、养老家庭照护床位补贴等由市财政承担；上海市的家庭照护床位运营奖、长期护理保险、养老服务补贴等由市级福利彩票公益金或市财政承担；广州市的护理资助、助餐配餐服务补贴、长期护理保险等由市财政承担。南京、上海、广州的养老项目补贴大部分由市财政承担，而北京市的补贴全部由市财政承担。

总的来说，各试点城市在养老项目补贴方面积极推动养老服务的发展，通过提供补贴、奖励等方式鼓励养老服务机构提供家庭照护床位服务，并为特定老年人提供相关支持。虽然存在一定的区别，但都体现了政府对于养老服务的重视，并在实践中不断探索和完善相关政策。

三、家庭养老床位依托的智慧养老平台

家庭养老床位最重要的特征就是养老智慧化。家庭养老床位依托智慧养老平台，借助互联网、物联网等信息技术，使老年人日常生活的方方面面处于远程实时监控状态，并能为其提供生活照料、健康护理、社会支持等综合性服务。家庭养老床位建设通常依托智慧养老平台实现智慧养老服务供给和管理。一些城市的民政局与政务服务数据管理局（以下简称"政数局"）、社会企业合作，共同开发了为当地居民服务的为老服务综合平台及App、小程序，以实现家庭养老的智慧化。

（一）广州市：广州市为老服务综合平台和"穗好办"App

广州市为老服务综合信息管理平台建设内容主要包括一门式为老公众服务平台、为老服务移动应用、机构养老服务系统、人才队伍管理系统、为老服务内部管理系统、为老服务资源综合管理系统、为老服务监管系统、为老服务数据分析系统等子系统。老年人可通过平台"一站式"办理居家养老服务、老年人照顾需求等级评估、家庭养老床位入住等服务并实时掌握申办进度，这降低了参与养老服务的门槛，也为各级养老服务管理部门加强养老服务监管提供了数据及技术支撑。各级养老服务管理部门可实时对全市养老服务进行全流程、全方位的监督管理，并对辖区内的养老服务实施"分权分域管理"。

为进一步提升广州市养老移动政务服务能力，便利老年人申办养老业务，2023 年，广州市民政局会同市政数局，在"穗好办"App 上新增"公办养老机构入住轮候申请、家庭养老床位入住申请、居家适老化改造申请"三项养老服务事项。老年人可足不出户、一站式办理上述业务，同时市民政局联合"穗好办关爱版专区"按照适老化要求进行了用户体验改造，大字体、大图标的申办页面，让长者一目了然，点击操作更加便捷准确。简洁的页面设计、简便的操作流程，让服务"找得到、看得懂、办得成"，全方位提升长者智能服务体验。

（二）南京市：南京市智慧养老服务综合信息平台和"我的南京"App

南京市民政局与社会企业合作，建设南京市智慧养老服务平台。该平台着眼于政府"保基本、建机制、抓监管"的基本职能要求和机构、社区服务的保障及老人服务需求，在系统架构设计上，设计了"234"体架构，包括十余个子系统。"234"体架构是指 2 个模块，即公共信息门户网站（外网）和信息平台（内网）；3 个面向，即面向政府、面向养老服务组织、面向用户；4 个层级，即市级养老服务综合信息平台、区级虚拟养老院平台、养老服务组织平台、公共服务平台。十余个子系统包括大数据管理中心、养老数据地理信息系统、政务管理系统、民政"12349"热线及报警救助系统、养老机构和社区服务管理系统、从业人员管理系统、评估系统、助老卡刷卡系统、高龄补贴发放管理系统、智能看护系统、可视化资源调度系统和 App 软件、健康管理系统、志愿者信息管理系统和诚信管理系统等。

为了聚焦精准供给和养老服务需求导向，南京市民政局 2021 年在"我的南京"政务平台 App 的公益栏目中开发嵌入了"智慧养老"功能模块。通过大数据分析手段精准显示市民实名制可享受的养老服务政策情况，同时可供广大市民查询更多养老服务政策以及养老服务资源，促进养老服务供需对接。

（三）上海市：上海市养老服务平台和"老食惠"助餐小程序

上海市民政局根据养老服务信息化建设相关要求，建设了上海市养老服务平台。该平台主要具备三大功能，一是养老服务信息"一目了然"。平台囊括了全市数千家养老服务设施及机构信息，包含养老院、社区综合为老服务中心、日间照护机构、助餐服务场所等七大类，面向公众提供精准、便捷、高效、翔实的信息查询服务，并同步开发了"上海养老顾问"微信公众号。二是养老行业资源"一站获取"。平台涵盖的养老服务领域官方信息、最新政策、热点动态、全量数据、规划报告、办事指南、实事项目等各类实用信息，为行业从业者提高服务水平、专家智库开展研究工作提供资源支持。三是养老服务管理"一网覆盖"。平台依托民政数据海,纵向打通了市、区两级信息交互,实现养老机构、社区居家养老、老年综合津贴、长期护理保险等数据联动共享,服务行业管理,提高工作效率,助力政府决策。目前,该平台已具备入住养老院、适老化改造申请、基本养老床位统筹轮候等功能。

为了进一步提升上海市养老政务服务能力,2021年上海市开始试点推进"一键通"生活数字化转型场景。老年人通过"一键通"电话机、智能手机、电视机、自助服务机等多种方式一键联系各区呼叫中心,并依托呼叫中心对接各类服务资源,包括一键救援、一键咨询、一键挂号、一键打车等方面的服务。2022年上海市已实现高龄独居老人"一键通"全覆盖。在本市推广"一键通"的基础上,多家企业发展了市场化的一键呼叫服务,市民可以通过市场化付费申请看病陪护。上海市"健康云"也开发了亲情账户亲人管功能,亲人可通过该功能为老年人进行预约挂号等服务。此外,上海市民政局还将开发"老食惠"助餐小程序,方便老年人在线订餐和评价。下一步,上海市将进一步打通各职能部门数据交互,持续完善上海市养老服务平台和"老食惠"等相关养老服务信息系统。

(四)北京市:北京养老服务管理信息系统平台和养老服务网移动端

北京市综合为老服务平台是集供需对接、政策宣传、养老地图、养老助餐、人才招聘、京津冀协同共享等功能于一体的数字化养老公共服务平台。对接"京通",促进供需精准匹配,实现养老服务事项"一网通办"。对接"京办",为科学决策和动态监管提供支撑,实现养老行业"一网统管"。北京市建设了全市统一的北京养老服务管理信息系统,构建了养老服务全要素记录、全数据互通、全流程监管、全口径分析的全息管理机制,通过"一网一端一平台"的一体化管理设计,保持北京养老服务网信息与信息管理系统平台数据实时交互联动,让后台无感采集的信息真实反映在前端网站,打造科技与温度交融的智慧养老"北京平台"。同时,建设智慧照护、安全检查、家院协同的管理系统,全面加强养老服务机构综合监管。确保服务数据无感记录,并自动归集至市级信息系统,通过数据碰撞、自动核验、自动预警,实时监督养老服务过程与服务质量,实现事前、事中和事后的全流程管理。

聚焦"触手可及、掌上可办"的服务目标,打造与北京养老服务网配套的移动端小程序,在移动门户中集成养老服务津贴补贴、老年人能力评估申办等政务服务,链接养老助餐、居家照料、生活护理、助洁助浴等服务资源,拓展线上服务渠道。针对居家养老的高频需求,在小程序端开辟全市统一的养老助餐服务入口,打通多种线上支付渠道,通过便捷、智能的方式帮助老年人及其家属找到家门口的养老服务。

家庭养老床位依托的智慧养老平台,可以有效促进医养结合服务体系的智慧化建设和提供高质量的养老服务。家庭养老床位所实施的适老化改造通过在老年人家中安装必要的数字监控设备,实现对老年人状态的动态监测,并通过跨终端的数据互联及同步,连通各部门及角色,形成一个完整的智慧养老管理系统闭环,实现老年人与子女、服务机构、医护人员的信息交互。通过对老年人的身体状况、安全情况和日常活动进行有效监控,可以及时满足老年人在生活、健康、安全、娱乐等方面的需求,提升健康养老服务的质量水平和效率。老年人在申请家庭养老床位服务后,其健康信息将被统一输入智慧数据平台,以方便后续的健康管理与信息处置,同时可连接社区卫生服务中心和其他合作医院,以方便遇到突发情况时的信息传输。家庭养老床位通过配置一系列适老化智能设备,可以及时有效地观测、处置居家老年人面临的风险,提高养老服务水平与效率。

四、家庭养老床位建设成效

(一)缓解优质机构养老服务供给不足问题

一般的观点认为,失能失智老人最好能接受专业机构的照护。但是,质优价廉的机构养老床位供给不足是普遍现象,而专业养老机构收费昂贵、等待时间过长,使得质优价廉的养老床位供不应求。家庭养老床位致力于满足失能失智等生活困难老年人在家养老的需求,将机构养老服务延伸到家庭,提高养老服务供需匹配度,使服务供给更有针对性,并进一步提升养老服务的使用效率。相较于专业养老机构高昂的护理费用、漫长的入住等待时间,家庭养老床位大大降低了机构养老床位建设成本,为老年人及其家庭节省了金钱和床位等待时间,缓解了优质养老床位供给不足的问题。

家庭养老床位将成为未来养老服务发展的一个重要方向。南京市在全国率先试点建设家庭养老床位,2023年初已高质量建设家庭养老床位8700余张,如果按照100张床位中等规模的养老院来算,这相当于80家中等规模养老院。其中超过70%集中在鼓楼、秦淮、玄武等主城区。广州市自2019年起率先在越秀、海珠、荔湾三个老龄化程度较深、老年人口较多的中心城区试点家庭养老床位服务。2020年,广州市政府将"依托养老服务机构设立400张家庭养老试点床位，为有照料需求但不需入住养老机构的老年人提供服务"列入市十件民生实事予以推动。截至 2022 年底，广州已建设超过 1.6 万张家庭养老床位。南京、广州两市的试点成效充分说明，家庭养老床位在一定程度上解决了有照料需求但是暂时不需要或没有养老院入住意愿的老年人的照护问题。

（二）满足失能失智老年人居家养老服务需求

基于我国养老服务需求大于服务供给、服务供给大于服务利用的严峻现实，家庭养老床位为失能失智老年人提供了类似养老机构的专业护理环境，并通过适老化改造，为居家老年人安装安全扶手、烟感探测器、燃气报警器、床头一键呼叫设备，以及铺设防滑垫等必要的硬件设施，解决了老年人在家生活起居不方便的问题。同时，配置相应的网络信息服务系统和智能穿戴、智能感应、远程监控等电子信息服务设备，能够动态掌握老年人的生理指标及活动情况，特别是可以预防和及时处理老年人跌倒等问题。家庭养老床位的护理人员均来自政府认定的有专业资质的养老机构，这使得服务质量有保障。因此，不论是从硬件设施供给还是从服务软件供给方面，家庭养老床位都可以为老年人提供"类机构"的专业服务。

由于家庭养老床位的"类机构"性，它可以为满足失能失智老年人居家养老服务需求提供有价值的解决方案。家庭养老床位不仅仅是一张床，实际上是一整套的专业化的养老服务，包括洗澡、理发、吃饭……这一系列的专业化的养老服务。老人通过家里智能呼叫设备，就可以预约专业的养老机构上门提供这些专业化的养老服务。家庭养老床位和机构养老床位相比，它的需求和供给对接更加精准，机构养老床位要付床位费、餐饮费和护理费，而家庭养老床位至少节省了床位费，且餐饮费比养老机构也更节省，更能满足老年人居家养老的服务需求。

（三）提升老年人居家养老服务质量

我国已经进入社会经济高质量发展阶段，居民物质生活水平不断提高，老年人的养老需求不再仅仅局限于生存方面，而是向高质量的生活需求发展。相较于普通老年人，失能失智老年人的照护尤为困难。照顾失能失智老人不仅需要专业护理人员，还需要特别的辅助器具。家庭非专业照护者很难满足这些照护需求，非专业照护不仅使老年人得不到好的照顾，而且容易导致照护者巨大的身体和精神负担。

家庭养老床位通过提供平台信息化、生活照料、康复保健、医疗护理、精神支持、家庭照料者指导六个方面的服务来提升普通居家养老服务的全面性和系统性。家庭养老床位的建设，可以有效改善失能老年人家庭照护的条件和基础，并能减轻其家庭照护负担。家庭养老床位的建设不仅非常契合老年人的居家养老需求，而且护理人员提供的上门照料及专业医疗照护能有效满足老年人个性化、多元化的服务需求，使老年人获得舒适感、安全感，使其晚年生活更有尊严。

（四）促进智慧养老平台的推广和优化

家庭养老床位是智慧养老平台应用的一个场景。通过智能化改造，家庭养老床位借助智慧养老平台将智能设备与老年人以及社会养老服务供给机构链接起来。智慧养老平台不仅汇聚社会养老服务的供给端和需求端，而且为政府指导、监督养老服务业发展提供重要数据支持，是数字化时代养老服务业发展的趋势。家庭养老床位建设的初衷是为不愿意或没有条件入住养老机构的失能失智老人提供满足他们养老需求的服务。这一特殊群体的特殊服务需求，必须通过养老机构、政府、居民多主体协作来实现。智慧养老平台正是上述多主体协同工作的平台，能提供链接智慧设备终端、服务效能监测、数据支持服务等功能，是家庭养老床位服务目标得以实现的重要依托。因此，随着家庭养老床位数量的增长，输入智慧养老平台的数据将不断增加，智慧养老平台得到的反馈将倒逼平台开发者积累经验，探索更多应用场景，提升平台运行效率，为使用者带来更好的体验。

家庭养老床位实现了老年人在家享受照护服务的需求，相当于把养老机构的床位设在家里、把专业服务送到家里，这样的模式值得更多地方借鉴和推广。但是，由于家庭养老床位建设刚刚起步，还没有形成规模效应，在家庭养老床位试点推进过程中普遍存在成本高、人才短缺等难题。跟养老机构集中照护相比，家庭养老床位确实意味着需要更多的养老护理员，而原本就供不应求的护理员短缺问题也制约了家庭养老床位的发展。因此，做好家庭养老床位发展的顶层设计，包括大力发展智慧养老平台，探索实践通过智慧化、数字化、自动化节约人力成本，是落实家庭养老床位政策、惠及更多老年人的有效路径。

第七章 数字化背景下我国老龄事业与产业协同发展研究

老龄事业和产业协同发展是我国老龄事业实现高质量发展的应有之义。本章将总结老龄事业发展存在的问题,分析老龄产业的现状、潜力和趋势,基于协同理论阐述老龄事业和产业协同发展的理论机制,分析数字化背景下老龄事业和产业协同发展的实现路径。

第一节 老龄事业发展存在的问题

党的十九大以来,我国老年社会福利水平稳步提高,老龄事业发展取得非凡成就,实现由量的积累到质的飞越,并逐步靠近"老有所养"目标。但是,老龄事业发展仍存在政策赋能不足,发展不平衡、不充分等问题。

一、积极老龄化政策领域有待进一步拓宽

随着老龄化进程加速以及我国大部分老年群体为活力老人,老年人的养老观念、消费意识、社会参与需求正在发生改变。但是,老年人参与和共享社会发展的渠道仍不通畅,增权赋能型政策仍需进一步完善。随着社会发展和老年人维权案件的复杂性增加,我国现行老年人法律保障体系亟待进一步完善,比如完善老年人精神赡养相关的法律规定。从全生命周期角度出发,对老年群体的身体、心理等常见疾病进行预防与干预的政策还比较缺乏,全生命周期理念不足,长期统筹规划的政策体系有待完善。

二、老龄事业发展不平衡

我国各地区经济发展差异大,人口老龄化程度不同,各地区的人口基础不同,对老龄事业发展的财政支持也不同,这导致我国老龄事业发展存在较大的地区差异。北京、上海、广州、深圳等一线城市户籍人口老龄化严峻,常住人口老龄化水平与国家趋同,应对人口老龄化的经济基础、基础建设和社会环境较好。但是,经济发展落后地区养老服务体系并不健全,老龄健康支持体系发展水平较低。人口收缩型地区的老龄化程度日趋严峻,将直接导致经济发展动力不足,可持续发展受阻,一些边境、节点性地区人口失衡甚至会危及国家安全;而且,在边疆边境地区、农村地区,劳动力人口净流出往往与当地经济发展水平不高相关,导致经济发展落后地区老龄化程度更高但养老服务供给压力更大,老年人的基本生活和服务得不到较好的保障。

三、老龄事业发展不充分

一是基本养老服务制度有待完善。我国对特殊人群的养老服务兜底保障包括特困人员供养和高龄养老服务补贴,对日常生活长期不能自理、经济困难的老年人给予护理补贴。但是,我们始终没有明确地建立基本养老服务制度,基本养老服务清单和标准仍处于地方探索阶段。目前的特困人员供养和两项补贴制度,不能全面涵盖国家对庞大老年人群体的服务保障,亟须加以完善。二是养老筹资机制尚不健全。首先,多支柱养老保险体系尚未形成。在我国养老保险体系的"三大支柱"里,基本养老保险长期以来"一家独大"、占比过高,第二支柱职业年金、企业年金覆盖人口数量小,第三支柱个人养老金则存在明显短板,导致第二支柱和第三支柱的商业保险对养老的支撑作用严重不足。其次,超过 5.2 亿城乡居民养老保险参保者的保障程度过低。在我国基本养老保险中,城乡居民养老保险的参保人数远远高于城镇职工养老保险参保人数,但城乡居民养老保险基金的结存额仅为城镇职工的 15%,保障程度低。再次,基本养老金受劳动力人口占比的影响持续下降。尽管财政补助已将我国城镇职工养老保险当期结余出现赤字时间从 2019 年推迟至 2028 年,但仍难以扭转当期结余的趋势性变化。部分地区由于持续性人口外流,早已出现养老金入不敷出现象。最后,我国长期护理保险制度仍处于试点阶段,尚未建立全国制度。除了养老保险以外,医疗保险和长期护理保险是老龄社会最重要的两项筹资制度。其中的长期护理保险是针对社会化服务的重要支付制度,但我国长期护理保险仍处在扩大试点阶段,尚未在全国推广开来,且目前试点城市构建的长期护理保险制度也存在显著差异。

第二节 老龄产业发展现状与问题分析

一、老龄产业发展现状

我国从 2000 年开始步入老龄化社会，人口老龄化影响和推动着老龄产业的产生和发展，而发展老龄产业是应对人口老龄化的重要措施。我国老龄产业体系初步形成于 1992—2009 年，在此期间，65 岁及以上老年人口消费额占比上升至 11%，老龄产业从业人员达 100 余万人，基本形成了稳定的市场规模（宋东明，2017）。2020 年，党的十九届五中全会提出要实施积极应对人口老龄化的国家战略，中国老龄产业进入新发展阶段。为推动老龄产业发展，国家和地方政府近年出台了一系列政策，积极引导培育老龄消费市场。《中华人民共和国国民经济和社会发展第十四个五年规划和 2035 年远景目标纲要》《中共中央 国务院关于加强新时代老龄工作的意见》和《"十四五"国家老龄事业发展和养老服务体系规划》等对发展老龄经济做了系统部署和安排，达成大力发展老龄产业的共识。在新冠疫情对宏观经济的叠加影响背景下，老龄产业被视为我国经济发展的一个新的增长点。当前，我国老龄群体的消费需求呈现多元化发展趋势，各级政府对老龄产业的政策扶持不断加强，老龄产业初步形成老龄制造产业、老龄服务产业、老龄金融产业、老龄宜居产业等主要产业领域（杨晓奇，2022）。

（一）老龄制造产业的发展现状

老龄制造产业是指面向公民老年期，从事老龄用品生产、销售、租赁以及提供相关服务的生产部门和企业的集合体，是老龄社会条件下的一种新业态，是老龄产业的重要组成部分。目前，老龄制造产业分为八大类，即老龄食品制造业、老龄服装服饰制造业、老龄家居家具制造业、老龄药品及医疗器械制造业、老龄康复辅具制造业、老龄电子设备制造业、老龄文教体育和娱乐用品制造业、老龄丧葬用品制造业。

随着老年人口规模的不断扩大，我国对老年用品的重视不断提高。目前，我国基本形成了集研发、生产和服务为一体的老龄制造产业体系。中国老龄协会发布报告显示，到 2050 年，我国老年用品市场的规模将达到 100 万亿元，占国内生产总值的 33%。保健品、日用品、药品及医疗器械是老年消费群体的三大主要消费需求，同时服装、餐饮、旅游、娱乐健身正成为老年消费群体的新增需求点。

保健品行业起步较早，发展速度较快，市场规模也比较大。"十二五"期间，国家首次将"营养与保健食品制造业"列入国家发展规划之中。"十三五"期间，国家继续发布政策鼓励保健食品的发展。"十四五"时期，我国提倡要大力发展中药保健品。2022年1月，国家中医药管理局发布《推进中医药高质量融入共建"一带一路"发展规划（2021—2025年）》，鼓励保健品在"一带一路"建设中的发展。在政策鼓励和社会人口老龄化以及居民收入增长等多重利好因素的推动下，我国保健品市场持续发展，市场规模持续上涨。艾媒咨询数据显示，我国保健品市场规模2023年达3282亿元，预计2027年将达到4237亿元。调查显示，21.90%的老年人平常会服用保健品，其中经常服用的占到了10.50%，且这一比例随着年龄的增长和收入的提高呈现明显的上升趋势。随着我国保健品市场需求的继续增长，我国保健品市场规模还将继续攀升。

医疗器械行业发展一直处于上升趋势。据众成医械大数据平台统计，截至2020年12月底，全国医疗器械生产企业数量达25440家，较2019年底增长39.76%。根据《医疗器械蓝皮书：中国医疗器械行业发展报告（2021）》统计，2020年中国医疗器械市场规模达7721亿元，同比增长21.76%。随着产业发展政策环境持续优化，以及公众对医疗器械诊断精准化的需求日趋强烈，未来中国医疗器械行业市场规模将会保持稳定增长态势，预测2025年我国医疗器械市场规模将突破2万亿元。

康复辅助器具产业作为横跨制造业、服务业的新业态，既有改善老年人、残疾人、伤病人等身心障碍人士生活质量、提升社会服务水平的作用，又有促进国内产业结构调整、激发经济内生动力的重要作用。我国康复辅具相关企业发展很快，2010年只有500多家，且产值过亿的企业不足10家；2020年与康复相关的企业数已达到5万多家，产值过亿的企业近百家，其中有70余家为上市公司。从康复辅具种类而言，2004年只有3000多种，2020年已经达到1万多种（季林红，2021）。随着老龄人口的不断增长、平均预期寿命的延长，以及老年人生活、生命质量的不断提升，对辅具用品及适配服务的刚需逐渐扩大，康复辅助器具产业发展显示出极大的市场潜力和上升空间。

比较而言，老龄服装服饰产业、老龄家居家具产业、老龄电子设备产业、老龄金融产业等发展相对比较滞后。老年服饰不到服装市场的5%，适老化家具也仅仅有10多年的发展历史，适老化家具设计与生产数量较少（党俊武等，2022）。随着政策支持、技术更新迭代以及消费观念的转变，在未来5～10年的时期内，我国智能养老设备行业将随着智慧养老产业的全面爆发而加速发展（郑燕，2020）。

老龄制造产业是未来老龄经济的基础支撑。老龄用品市场潜力巨大，我国正在逐步成为老龄用品的需求大国。我国老龄用品市场具有巨大的人口基础，而且这种需求会随着人口老龄化趋势的加剧、人们生活水平的不断提高而不断释放。未来，老年保健、老年医药市场还将进一步快速发展，市场容量将会进一步提升；与此同时，老年电子、康复、护理、丧葬等用品市场也将巨量增长，老年日用品、老年医疗器械等市场将会成为新的增长板块。

（二）老龄服务产业的发展现状

老龄服务产业是老龄社会条件下服务业的总称，是在人们迈向老年期过程中为其提供各类老龄服务产品的生产部门和企业的集合体（王莉莉、何亚楠，2020）。老龄服务是老龄社会条件下，为满足人们迈向老年期过程中由于年龄、疾病等原因导致身体机能衰退，从而在生理、心理以及其他方面产生的特殊需求而出现的一系列服务形态的应对活动，包括生活照料、医疗卫生、康复护理和精神文化服务等。老龄服务产业具有强大的市场需求，是相对比较成熟的一个产业。经过近年的快速发展，老龄服务产业已经形成了以养老服务、医疗健康、康复护理、文化旅游等为主导的产业发展模式。

养老服务是目前我国老龄服务产业中发展最快、需求最大的产业内容。由于人口老龄化程度加深，家庭照护功能减弱，社会照护服务的市场需求增加。2000年以来，我国养老机构的数量、床位数和年末收养老人数均呈上升趋势。根据《2021年民政事业发展统计公报》统计数据，截至2021年底，我国共有各类养老机构和设施35.80万个，养老床位合计815.90万张，床位数比2000年的113万张增长了6.22倍。目前，养老服务市场在规模上正在由大型养老社区向适度规模的专业机构转变，在服务内容上正在由强调综合向强调专业上转变，在服务对象上正在由全部老年人向失能、半失能老年人转变，在投资主体上正在由中小型民营企业向大型集团企业转变，在运营模式上正在由重资产向轻资产转变，由注重国外经验引进向本土化模式创新转变，同时国企、央企进军养老服务产业的趋势更加明显，市场竞争更加激烈（王莉莉，2022）。此外，养老服务产业在实践发展中已经出现了一些成功的运营模式，如以专业护理为特色的连锁型机构，以"保险+养老"的金融产品与养老实体服务融合发展的模式，以地方政府主导的公建民营模式等。同时，在养老服务产业发展的过程中，"放管服"的改革力度不断增强，政府着力发展基本养老服务，放开养老服务市场的力度进一步增大，特别是在服务业发达的长三角和珠三角地区，养老服务产业的市场环境更加优化，"以点带面"的区域发展格局更加明显（王莉莉，2022）。随着新一代信息智能技术和老龄服务业的融合，智慧养老快速发展。2017年，工信部等部门专门下发了加快发展智慧健康养老产业的文件，资本纷纷进入智慧养老领域。很多机构或智能科技企业建立了信息平台，使老龄服务的供给和老年人的需求对接更精确、更及时。智慧养老模式同时也融合居家社区和机构服务，实现了老龄服务资源的整合利用，解决了服务资源分散化、碎片化利用，提高了资源利用效率，也促进了老龄服务的快速发展。

医疗健康和康复护理产业快速发展，市场规模逐步扩大。从全生命周期来看，疾病预防、慢性病治疗、健康管理、康复护理等是人生必经阶段。随着人均预期寿命的提升，慢性病高发也成为老龄化社会的一大挑战。根据国家卫生健康委员会公布的数据，2019年我国超过1.8亿老年人患有慢性病，患有一种及以上慢性病的比例高达75%。对抗衰老、追求健康，是老年生活的重要主题。与此同时，健康体检消费需求激增，呈现快速发展趋势。2021年，中国健康体检市场规模为1890亿元，同比增长7%。预计未来五年（2023—2027）年均复合增长率约为10.67%，2026年将达到3068亿元（思瀚产业研究院，2022）。在体检市场，主体仍然是医疗机构，包括医院、基层医疗机构专业公共卫生机构，以及其他医疗卫生机构；民营体检机构也在快速发展，体检人次和机构数量不断增长，出现了美年健康、爱康国宾等全国性或区域性的体检机构，且体检的服务质量向高端发展。康复服务加快发展，目前全国二级以上的综合医院普遍设立了康复医学科，20多万个社区建立了社区康复服务站。

文化旅游产业包括教育、文化、旅游以及休闲娱乐等产业，既涉及产品也涉及服务。随着低龄老年人口规模的不断增大，老年人对个人生活品质与晚年生活质量的追求不断提高，老龄文化旅游产业市场也在不断发展。在老年教育市场，国家已在加快推进社会办老年大学的力度，市场上出现了很多针对老年教育娱乐需求的企业。根据《中国老年教育发展报告（2019—2020）》统计数据，截至2019年末，我国老年大学（学校）数量约7.6万所，比2017年增加了1.4万多所。办学主体既有政府、高校、事业单位、基金会，也有企业，呈现多元化趋势。师资力量不断加强，教学内容不断丰富，基本形成了省、市、区（县）、街道（镇）、社区（村）五级办学网络。老年旅游市场已渐成市场规模，成为许多旅游产业的主体消费力量，市场服务也更趋规范化、适老化、品质化以及多样化。2016—2020年，我国老年旅游者旅游消费年均增速达23%，2021年超过7000亿元（刘建明、牟琳，2022）。全国老龄工作委员会的调查显示，2019 年我国老年人旅游人数已占到全国旅游总人数的 20% 以上，老年旅游市场规模超过 1 万亿元，老年人已成为我国旅游市场消费的重要群体。

（三）老龄金融产业的发展现状

老龄金融产业是指围绕社会成员各种养老需求的金融活动的总称，包括三个方面：一是养老金金融，即储备养老金资产的一系列金融活动，主要包括养老金制度安排和养老金资产管理；二是养老服务金融，即社会机构围绕老年人消费者需求的金融服务活动；三是老年产业金融，即为涉老行业提供投融资支持的金融活动。老龄金融产业是老龄产业发展的压舱石。从体量上看，老龄金融是老龄产业和老龄经济的重中之重，除老年人的金融资产外，未来随着中等收入群体的扩大，中青年人为老年期所做的金融准备潜力不可估量（姜樊，2022）。

在养老金制度安排方面，我国现行制度结构不平衡，第二支柱职业养老金和第三支柱个人养老金发展滞后，第一支柱公共养老金压力较大，导致长期养老金缺口巨大。在养老金资产管理方面，通过市场投资经营实现养老金资产的积累和扩张是一种常见的做法。在美国约 27 万亿美元的养老金资产中，80% 以上的养老金资产通过资本市场投资和运营来实现保值增值。相反，2015 年底，我国养老金现有存量不足 7 万亿元，其中市场化经营不足 50%（周列平等，2021）。

随着老龄化趋势的加剧，金融业开始关注养老金服务金融。一些银行开发了老年金融服务计划，涵盖金融产品、养老增值服务等内容。除了提供传统的保险业务外，保险业还参与了养老社区、养老服务业等领域。但总体而言，我国养老金融仍处于初步探索阶段，尚未形成新的金融形式，无法满足国家养老金融的需求（杨晓奇，2022）。

老年相关行业的一些先天属性使其对金融资本缺乏吸引力，主要是由于老年人消费能力有限，这决定了大多数养老行业只能以微利经营。从我国实践来看，由于涉老产业处于发展初期，盈利能力不确定，资本参与意愿不高。与发达国家老龄产业的发展程度和中国其他涉老产业需求相比，我国老龄金融产业的发展相对滞后。

（四）老龄宜居产业的发展现状

老龄宜居产业是指根据长寿时代全生命周期的客观要求，以满足人们在增龄过程中的功能补偿需求为目的，以设计、建设和改造全社会环境为主要业务的企业和部门的集合。老龄宜居产业分为三类：适老改造产业、老龄房地产产业和老龄宜居服务产业。

随着我国经济社会快速发展、老年人口规模日益庞大，老龄宜居产业迎来了快速发展机遇期（曲嘉瑶，2022）。目前的家庭住宅、社区环境以及交通出行等设施都亟待适老化改造，宜居环境的建设迫在眉睫。从产业的角度来看，主要包括增量的建设和存量的改造。存量的改造主要包括住宅的适老化改造、小区环境的适老化改造和出行环境的适老化改造。目前，住宅的适老化改造还没有形成产业化规模，主要是通过政府补贴的形式，为政府兜底的高龄、失能、残疾老年人群提供改造资金，比如加装电梯等。增量的建设主要体现在老年住宅和综合性养老社区、养老服务机构的建设和开发。老年住宅和综合性养老社区发展相当快，主要定位为高端老年人群，以满足部分老年人的需求。在我国，老年人拥有住房的比例很高，出租出售老年人手中多余的住房，是老龄社会背景下房地产中介市场面临的新机遇。一方面，大型建筑设计企业专门设立适老环境设计机构，专门从事适老建筑设计的实验和研究，为既有建筑提供空间、物理环境等方面的适老化评估，并为老龄房地产新项目的开发提供适老化设计方案；另一方面，传统房地产中介企业进军老龄房地产行业，向老年群体展示养老机构、适老化产品及服务资源，多家互联网信息服务提供商为用户提供养老机构及养老服务信息咨询服务，将有资质的养老院、敬老院、老年公寓、福利院等信息汇集于互联网平台，方便老年人检索老龄宜居服务信息。

二、老龄产业的发展趋势

国家统计局最新数据显示，截至 2021 年底，我国 60 岁及以上人口为 2.67 亿人，占总人口比例近 19%。国家卫生健康委员会统计显示，到 2035 年左右，全国 60 岁及以上老年人口将突破 4 亿。随着我国老年人口规模的不断扩大，老年人的消费支出与消费需求将显著提升。规模庞大的老年人口既带来了人口老龄化挑战，也带来了老龄产业发展的新机遇。我国经济已由高速增长阶段转向高质量发展阶段，老年群体需求已由生存必需型向享受型、发展型、参与型转型升级，老龄产业实践不断融合升级，老龄产业发展将呈现新趋势。

（一）老龄产业由供给导向转为需求导向，老年人消费需求进一步释放

2019 年以前，几乎所有老龄政策都是聚焦供给，从 2019 年开始老龄政策有一个重要转向，就是由注重供给向注重需求为导向转变（吴玉韶，2020）。《关

于进一步扩大养老服务供给 促进养老服务消费的实施意见》是从强调供给到注重需求转折的标志性文件。随着我国老年群体年龄结构、经济实力、文化水平、消费观念的变化，老年群体的需求正逐步发生变化，特别是"60后"新生代老年人加入老年群体，意味着老年群体将发生结构性变化。全国第七次人口普查数据显示，我国老年人口中60～69岁的低龄老年人的比例达到55.83%。这些新生代老年人的受教育程度、经济收入、消费观念与以往老年人有很大不同，他们有更强消费实力、更强消费意愿、时尚品质的追求、独立个性的特质和熟练运用信息化的能力。同时，在新健康理念的引领下，老年人的健康消费需求逐渐发生变化，医疗、康复、长期照护等刚性消费需求依然明显，同时预防保健、健康管理、休闲娱乐等消费需求不断增长。消费模式逐渐发生变化，越来越多的中老年人热衷于网上购物，老年人线上线下相结合的消费模式越来越明显。做老龄产业"要从读懂老年人开始"，要以老年人真实有效需求为导向，开发产品，做好服务，开拓市场。老龄产业相关领域将发生转变，养老服务要与时俱进转型升级，老年健康产业将从医疗服务转向健康服务，老年用品产业将从辅具用品转向鞋、服装、化妆品、健康食品等多种用品用具，老年文化产业将从传统的文化用品转向旅居、教育等社会参与和老年潜能开发领域，高层次、个性化服务将成为老龄产业发展新方向。

（二）老龄产业市场融合不断提高，产业链条与集群加速形成

为了满足不同需求偏好的老年人，涉老产品与服务由单一向综合转变，由提供单一的机构照护服务向居家、社区延伸，甚至将金融、服务、产品等融合在一个平台上为老年人提供全方位服务。老龄产业的发展将进一步刺激产业内的分工与合作，老龄金融产业、老龄制造产业、老龄健康产业、老龄服务产业、老龄宜居产业以及老龄文化产业之间，老龄产业与其他相关产业之间的融合与发展趋势会更加明显。产业内部与产业之间的资源整合、相互支撑与促进将更加突出，老龄产业的发展将进一步带动其他相关产业的发展，同时也将进一步促进老龄产业自身的不断繁荣。老龄产业上中下游产业链条将进一步完善，越来越多的老龄产业集群将加速形成，如长三角地区的老龄服务产业、珠三角地区的老龄制造产业等。特别是在老龄制造产业，老龄用品研发、生产、销售、孵化所形成的空间积聚体，有利于建立起以企业为主体、市场为导向、产学研用紧密结合的技术创新体系，从而促进科技成果快速转化，形成区域和品牌效应，最终取得市场优势。中端服务市场进一步发展。近年来，老龄产业发展大多以中高端市场为主，占市场主要需求的中端服务市场还未形成规模。造成这

一局面的原因之一是目前老年人收入水平有限，囿于传统的生活习惯，购买产品和服务的意识不强，导致消费需求不旺盛。未来，随着市场竞争的不断增强，产品和服务内容将进一步丰富，老龄产业的中低端需求会得到进一步释放，继而推动中端服务市场的发展。

（三）老龄产业科技和人才支撑加强，科技助推产业发展加速

根据《国家积极应对人口老龄化中长期规划》，技术创新作为积极应对人口老龄化的第一动力和战略支撑，应依靠科技创新化解人口老龄化给经济社会发展带来的挑战。通过科技创新，突破老年用品产业发展的技术瓶颈，建立以企业为主体，产学研用紧密结合，市场化、多元化科技开发和促进成果转化的有效模式。企业利用新技术、新工艺、新材料和新装备开发适合老年人身心特点和特殊需要的各类产品用品，强化安全性、可靠性和实用性，丰富产品种类。随着信息技术的发展，以智能硬件、云平台与大数据为核心的智能养老模式逐渐成熟，将在老龄产业中发挥越来越重要的作用。相关企业对智能化产品的研发力度不断加大，特别是在远程医疗、健康管理、养老服务信息平台等方面，智能化、信息化、科技化、网络化的趋势将更加明显。

三、老龄产业发展的潜力

随着中国老龄化进程的加快，老龄化与数字化叠加，顺应中国式现代化建设与高质量发展的要求，养老需求持续增加，为中国老龄产业发展提供了广阔前景。其发展潜力主要表现在有效市场需求、适老化产品需求与技能型专业人才需求三个方面。

（一）有效市场需求

在传统保守型消费观念的影响下，老年人口的增加并没有带来相同规模的市场有效需求。中国现今的老年群体出生在物质资料比较匮乏的年代，受勤俭节约优良传统的影响，这一代老年人对养老生活的物质条件与休闲服务并没有很高的期望，储蓄存款等流动资产的主要用途是应对健康风险，而不是即期消费，完成交易活动的渠道也较为单一。而新一代老年群体在资金储蓄、社会保障等方面较之前有较大改善，同时因受到发达国家"消费示范"的影响而开始转变传统消费观念，对养老生活产生较高的消费需求。老龄产业的发展壮大，与服务对象的购买力关系密切。老年人的经济状况，是决定老年人购买力和市

场发展规模的关键因素。与上一代老年人相比，新一代老年群体的社会保障更好，全生命周期的收入更高，中高收入家庭和富裕老年人群更多。在满足自身生活需要的基础上，他们对休闲娱乐、医疗保健和养老护理等方面的支出日益增长，将推动形成一个庞大的老龄消费市场。根据全国老龄工作委员会发布的《中国老龄产业发展报告》，预计到 2050 年，我国老年人口的消费市场将增长到 106 万亿元，GDP 占比增长到 33%，成为全球老龄产业潜力最大的市场。老龄产业由于受到目标人群特殊性的制约，生产经营者往往需要付出更多的研发销售成本，因此研发生产老龄产品的领域长时间被生产经营者冷落忽视，多数厂商选择在主导产品基础上进行简单低成本变形生产老龄产品，导致中国老龄产品品种单一、质量参差不齐。随着老龄产业生产经营相关政策的实施与老龄产品市场需求的扩大，老龄产业的市场活力将得到极大提升。

（二）适老化产品需求

由于中国老龄化呈现高龄化、空巢化和失能化特征，老年人在日常生活中遭遇的难题，对中国养老服务体系提出了巨大挑战，急须持续推进住宅、养老院、社区等适老化改造，为老年人提供更加安全、便利的环境。第四次中国城乡老年人生活状况抽样调查成果显示，2020 年我国失能老年人达到 4200 万，空巢和独居老年人已达到 1.18 亿。居家适老化改造能够通过硬件设施取代部分照护服务，对老年人自立生活起到支持作用，减少老年人对居家照护服务的需求量，提高照护者的自我效能、减少不安感受。随着信息技术的飞速发展，数字化、网络化成为阻碍老年人群体生活和参与社会的关隘，由于信息技能水平不高、学习能力下降等因素，老年人无法充分享受数字化发展带来的便利。2022 年 2 月 25 日，中国互联网络信息中心发布第 49 次《中国互联网络发展状况统计报告》，报告显示，截至 2021 年 12 月，我国 60 岁及以上老年网民规模达 1.19 亿，互联网普及率为 43.20%，与全国互联网普及率 73% 相比仍有较大差距。自 2020 年底人力资源和社会保障部下发《关于进一步优化人社公共服务切实解决老年人运用智能技术困难的实施方案》以来，各级人社部门压实责任，快速行动，推动传统服务方式与智能化服务并行、不断创新发展，着力消弭老年人"数字鸿沟"，为老年人生活带来更多便利。

（三）技能型专业人才需求

目前，我国中高级职业教育系统中并未设置老龄护理专业，护理服务人员大都是未接受过专业培训的农村进城务工人员，缺乏对老年人生理、心理相关知识的系统学习，制约了老龄护理行业服务水平的提升。随着老龄产业政策体系的完善，老龄护理服务机构将联合相关职业院校，着重培养养老服务人才的职业能力，并进一步将专业人才扩散到老龄产业其他行业，在服务设计、产品研发过程中融入对老年人生理与心理需求的考量，通过高技能人员专业素质需求进一步促进老龄产业的发展。

四、老龄产业发展存在的问题

自党的十八大以来，在一系列政策的支持下，民间资本进入老龄产业市场的热情不断增加，老龄产业迎来了快速发展时期。但是，在老龄产业发展实践当中，仍然存在很多问题，比如产业政策体系不完善，产业发展不均衡，科技含量不高，供给和需求不匹配等。

（一）老龄产业政策体系不完善，产业顶层设计滞后

尽管我国扶持老龄产业的政策陆续出台，但从总体来看，缺乏针对性、战略性的专项规划。目前，我国老龄产业发展既缺乏中长期规划，也缺乏五年规划。由于没有明确的规划，从政策出台到产业实际发展都处于一种自发状态。老龄产业政策的有效性差，行业监管缺位。自2000年以来，我国为大力发展老龄事业和老龄产业，已陆续出台相关规章制度和指导性政策达300多部，涉及的内容较为广泛，牵头颁发的部门也各不相同。但这些政策制度的时效性有待进一步优化，可供指导和实践的政策制度较少，从而制约了老龄产业发展的可持续性和稳定性。这样既不利于老龄产业快速成长，也不利于满足广大老年人的多层次多样化的需求。在老龄社会与供给侧结构性改革的背景下，应将国家产业结构优化调整与老龄产业整体发展统筹规划，加快制定老龄产业中长期发展规划，明确老龄产业的发展目标、重点领域与主要任务等。

（二）老龄产业统计指标体系未形成，产业标准和规范滞后

要准确反映产业发展的现状与规律，必须建立一套科学且行之有效的测度标准与指标体系，但由于老龄产业范围广阔，涉及多个产业领域，且发展时间较短，尚未形成一套统计指标体系，因此在相关数据的收集与获取、分析与比较方面还存在着巨大的障碍。我国老龄产业相关标准、规范的制定整体滞后，由于缺乏相应的标准，一些老年辅具用品粗制滥造，不仅严重损害老年消费者的权益，还给整个行业带来负面影响。在老龄健康、老龄服务业中，相关服务

标准、评估与监管体系仍未有效建立，这不仅容易造成服务质量参差不齐、行业恶性竞争，也不利于行业形象的树立与发展。

（三）老龄产业发展不均衡，供给和需求未形成有效匹配

老龄制造产业的发展潜力巨大而久远，但从总体来看，目前尚处于分散、自发、盲目的发展状态，技术自主创新乏力、行业标准缺失、行业监管缺位，企业数量及规模都较小，整个产业尚处于起步阶段，产业链发展不完善。造成这种发展现状的原因有三个方面：一是老龄产业有效需求仍然不足。我国老年人口的数量虽然居世界首位，但由于受传统思想及社会保障水平等综合因素的影响，老年人的消费观相对保守，对产品和服务的购买意愿较低。老年群体的消费能力和消费水平整体偏弱、偏低，老年人的收入主要源于社会养老保险，还有一部分依靠家庭转移收入和资产性收入，经济收入渠道单一，收入水平较低。受城乡和区域经济发展水平的影响，老年消费的差异性也较明显。农村及欠发达地区的老年消费大都还停留在日常照护等传统养老服务上，而城市及经济相对较发达区域的老年消费升级明显，精神文化娱乐、高品质老年用品等的需求增长迅速。这都是影响和制约我国老龄产业发展的重要因素。二是资源优化配置效率低，老龄产业市场定位模糊。老龄产业是为老年人服务的综合性产业体系，其产业链较长、跨行业较多。由于缺乏统一的顶层设计，当前我国老龄产业发展的相关资源配置效率较低，产业协同聚集还没有形成真正的合力，产业链上、中、下游尚未形成有效联动，产业化整体水平较低。三是老龄产品及服务单一，老龄产业链带动效应不明显，产业间发展不均衡。老龄产业服务的对象主要是老年人，老年人的消费特征决定了老龄产业发展的未来走向。但是，当前政府及行业企业在布局老龄产业时，往往缺乏真正深入老龄消费市场的扎实调研，因而未能全面掌握老龄消费需求（孔令卫、赵琛徽，2019）。比如市场上出现的相对比较高端的智慧老年产品和服务，但这些产品的核心是否能真正满足老年人的需求，是值得涉老行业的企业认真思考的。整体而言，虽然我国老龄制造产业的发展具备一定的基础，产品领域也在逐步拓展，但无论是产业发展的内部环境还是外部环境，都存在一些突出问题，"有货无市"和"有市无货"两种现象并存，需求和供给尚未形成有效共振，市场仍然处于培育阶段。

（四）老龄产业科技含量不高，产品创新不足

老龄康复辅具产品的科技含量总体较低，具有自主知识产权的产品较少，

自主研发的产品主要停留在技术含量较低的中低档产品上。虽然近年来，国内出现了一批智能假肢、护理机器人、智能化康复训练设备等高科技研发成果，这些研发成果不仅功能上达到了国际水平，而且成本远远低于进口产品，但很多成果仅处于样机阶段，并未实现产业化和推广应用。老龄电子科技产品的研发较为滞后。在信息和网络化时代，老年人生活越来越离不开手机。例如，三星公司在美国推出了一款专门为老年人设计的手机，按钮非常大，并具有操作协助功能，同时手机运营商还提供针对性的服务，这些服务项目包括药物提醒、生活起居热线以及健康咨询等，深受老年人的欢迎。但在中国，老年人手机还没有引起市场的足够重视。在中老年用品市场，低端产品占据了绝大部分的市场份额，高端产品则严重匮乏。中老年用品品类繁多、品牌众多，且市场上销售的同类产品较多，但差异化产品却不多，很多中老年用品都是同一类型产品。因此，中老年用品行业面临着区域发展不均衡的状况。老龄金融产品较少，产品特色不明显。许多养老基金理财产品实质上是大众化理财产品，并没有针对性地对持有人未来的养老需求进行长期规划和安排，无法真正满足养老需求。另外，在老年照护服务业中，也存在着产品创新不足、针对性较差的问题，缺乏从需求者的角度去挖掘、研发适合中国国情和老年人需求的服务产品。

（五）老龄产业专业人才缺乏

经济发展是一个产业转型升级的过程，新的产业不断出现，传统产业不断消失。产业转型升级需要人力资源转型升级的配合，否则产业转型升级难以实现。老龄产业是在国家产业转型升级过程中不断涌现出的新产业，同样面临人才资源缺乏的问题，从管理人才、研发人才到服务人才都面临严重不足，尤其是在老龄服务业中表现最为突出，从基层的养老护理员到从事管理的职业经理人都很缺乏，人才缺乏成为制约产业发展的重要因素。

（六）老龄产业金融支持体系较弱

近年来，随着国家相关政策的出台，政府对老龄产业的投入逐渐加大，社会资本也因其巨大的市场潜力而不断注入，多元主体参与、创新投入及融资格局已初步形成，但与庞大的老龄产业发展和升级的资金需求相比还存在较大差距，老龄产业发展的融资模式、融资平台及信息化监管机制还有待进一步完善。大部分涉老企业融资手段和渠道较少，自有资金、民间借贷或其他途径的融资模式仍然是主要渠道。

第三节　老龄事业和产业协同发展的理论机制

一、协同理论对推动老龄事业高质量发展的启示

(一) 协同理论和协同演化的概念

协同理论由德国理论物理学家哈肯于 20 世纪 70 年代初创立，该理论运用分析类比手段来描述各种系统和运动现象中从无序到有序转变的共同规律，研究系统由无序状态到有序状态的演化过程和演化规律。所谓协同，是指为了实现复合系统的总目标，系统内部各个子系统之间的相互协作、相互作用的现象。协同理论认为各子系统千差万别，但它们从无序向有序转变的机制是类似的，甚至是相同的，遵循共同的规律。协同理论的核心是自组织理论，这种自组织随协同作用而进行。协同作用是协同理论的基本概念，实际上就是系统内部各要素或各子系统相互作用和有机整合的过程。在此过程中强调系统内部各个要素（或子系统）之间的差异与协同，强调差异与协同的辩证统一必须达到的整体效应。

从协同理论发展出协同演化的概念。Norgaard（1985）是最早研究并系统地将协同演化概念运用到社会文化、生态经济领域的学者，他认为协同演化不仅是"协同"的，更是"演化"的，是"相互影响的各种因素之间的演化关系"。在社会经济系统中，协同演化主要反映了知识、价值、组织、技术和环境五个子系统的长期反馈关系。Jouhtio（2006）认为，协同演化是发生在两个或多个相互依赖的物种上的持续变化，它们的演化轨迹相互交织、相互适应。物种的相互依赖关系是指共生关系、共栖关系和竞争关系。无论怎样去定义，协同演化的本质是确定的，即指两个或两个以上的主体持续地互动与演变，且演化路径互相纠结的现象。

(二) 协同理论在复杂系统研究领域的应用

协同理论运用到经济、社会与生态环境领域在于它的协同效应和自组织原理。哈肯的协同论认为，一个协同系统可以有多个序参量，序参量之间相互竞争、合作，当众多子系统构成的系统处于无序的初始状态时，各子系统独立运

动，各行其是，不存在合作关系，不能形成序参量；当外部环境达到一定水平时子系统之间就会产生协同作用；而当系统运行接近临界点时，子系统间产生关联，形成协同关系，促使序参量形成。在经济、社会、生态环境三个子系统构成的复合系统中，各子系统既相互独立，但同时又相互合作，当外部环境达到一定水平时，子系统之间就会产生协同作用。这种协同作用能使系统在临界点发生质变产生协同效应，使系统从无序变为有序。协同效应使各子系统之间能够按照某种规则自动形成一定的结构或功能，具有内在性和自生性特点。经济、社会、生态环境实现协同发展的过程，就是使这三个子系统在整体发展运行过程中实现协调与合作的过程，每个子系统内的各个要素都要为赢得组织整体目标而努力，这种协同合作的作用将超越每一个子系统自身的独立作用，在协同发展过程中发生质的飞跃，形成拉动效应，从而促使系统整体效应的最大提升。

（三）协同理论在高质量发展研究领域的应用

1. 区域协同与高质量发展

协同发展是建设现代化经济体系的基础和核心，也是区域经济实现高质量发展的重要手段。随着各地信息化和数字化建设进程加速，区域的高质量发展更加注重各城市间的系统性和协同性。城市间的深度合作发展也从"竞争合作"转变为"协同合作"，这种转变促进了区域协调发展，提高了资源配置效率。研究发现，地区经济增长和经济高质量发展水平具有相同的发展趋势（黄顺春等，2021）。空间邻近可以给城市群内城市间协同创新提供很大程度的便捷性，城市群表现出的区域创新一体化，即以创新集聚性强的大城市为中枢和引擎，辐射带动周边城市的高新技术产业和制造业发展，形成区域内各类城市围绕产业链和创新链的高度分工协同（连俊华，2021）。

2. 产业协同集聚与高质量发展

产业协同集聚是指在某一特定空间内，不同产业在区域中高度集中的现象。自 Ellison 等（2010）以硅谷模式的地方化集聚为研究对象，将异质性产业的空间集聚现象定义为协同集聚以来，学术界对协同集聚的研究不断深入。研究发现，产业协同集聚可以加快人才、资本和技术等要素的流动速度，推动新技术及其应用的区域传播，实现异质性企业间的创新合作与协同发展，进而促进技术创新和推动产业升级，助力经济高质量发展（钟韵等，2023）。实体经济与生产要素投入协同发展有利于提高全要素生产率，进而推动高质量发展（邵汉华等,2020)。此外,产业协同集聚对经济高质量发展的影响还存在空间效应。因此,应重视产业协同集聚的合理边界,重点支持高水平的产业协同集聚,并提升产业协同集聚质量,通过因地制宜的适度产业协同集聚,有效促进地区经济高质量发展。

3. 创新要素协同与高质量发展

创新是高质量发展的第一推动力。协同是系统中两个或多个子系统、要素间通过互为依赖的非线性互动所形成的联合效应。创新要素协同既是实现科技高质量发展的路径,也是经济社会高质量发展的要求。要素市场化配置改革对创新要素供给质量、要素流动及要素间互动很有可能会产生深远影响。钞小静等(2023)研究发现,新型数字基础设施建设对经济高质量发展具有显著的正向促进作用,并且能够通过发挥技术创新效应与生产率提升效应促进经济高质量发展。资源配置、产业融合、技术进步及需求升级在创新要素协同促进高质量发展的过程中起到中介作用,能否推动高质量发展是检验创新要素协同作用效果的重要标准。

(四)老龄事业和产业协同发展的必然性

为积极应对人口老龄化,实现国家高质量发展目标,推动老龄事业和产业协同发展是我国实现老龄事业和产业高质量发展的必然选择。

第一,推动我国老龄事业和产业协同发展是适应新时代高质量发展要求,破解人民日益增长的养老服务需要与老龄事业和产业发展不平衡不充分矛盾的必然要求。当前,我国存在社会保障体系尚不健全、城乡老龄事业发展不均衡、老龄事业专业人才缺乏、老年服务产业发展还比较滞后等问题。据此我们提出高质量发展要求:把握新时代发展机遇,创新老龄事业体制制度,推动养老产业多元化开放发展,推动我国老龄事业和产业高质量发展,让所有老年人都能老有所养、老有所依、老有所乐、老有所安。

第二,推动我国老龄事业和产业协同发展是适应经济社会发展的本质要求、客观要求和时代要求。老龄事业作为经济社会发展的重要组成部分,其整个过程和全部内容无不体现经济社会发展的本质要求。虽然老龄化对经济社会发展确有不利影响,但是还应看到人口老龄化对经济社会发展的有利因素,用辩证的观点和科学的对策来认识和减轻不利影响,并充分利用有利因素,才是对待人口老龄化的正确态度。发展老龄产业是适应经济社会发展的时代要求。老年群体是社会的重要组成部分,他们既是小康社会、和谐社会的建设者,也是和谐社会的共享者。做好老龄工作,发展老龄事业和产业,解决老年人的各种困难和问题，对于确保老年人在有保障、有尊严、有安全的社会条件下生活，对于吸纳劳动力就业，扩大国内需求，促进经济发展，推进小康社会和和谐社会进程都具有重要意义。

第三，推动我国老龄事业和产业协同发展有利于促进社会的和谐与稳定、老年人生活质量的提高和经济社会的发展。随着我国社会经济、文化以及科学信息技术应用水平的不断提升，社会人口老龄化的发展趋势日益显著。在我国社会众多消费人群中，老龄人口逐渐成为社会经济消费生产结构中最主要和关键的组成部分。人口老龄化已经成为深刻影响中国经济发展的重要因素，对劳动力供给、资本积累、国民储蓄、经济增长潜力及增长方式等诸多方面都有着深刻影响。然而，人口老龄化在带来严峻挑战的同时，也带来了促进发展的一定机遇。面对不断加速的人口老龄化趋势，我们只有及时把握难得的发展机遇，才能变被动为主动，最大限度地降低其负面影响。人口老龄化意味着老年人口数量增加，随之而来的不断扩大的老年人口消费需求为老龄产业发展带来了重要的契机。大力发展老龄产业，不仅可以为老年人带来福利，而且可以形成新的经济增长点，促进中国经济转型。

二、老龄事业发展的短板需要老龄产业发展来补充

当前，我国老龄事业发展存在区域发展不平衡、领域发展不平衡、整体不充分的问题。近年来，在政策和市场的双向发力下，我国老龄产业快速发展，需求推动作用不断显现，市场主体不断增加，智慧产业逐渐兴起。老龄产业对促消费、稳投资的带动作用非常明显。大力发展老龄产业，可以补充我国老龄事业发展的不足，更好地满足人民群众老龄时期对美好生活的向往和需求。

（一）充分发挥市场在资源配置中的决定性作用

老龄服务业企业应以民间投资为主。除政府对困难群体的养老服务给予扶持外，多数老年人的养老服务需求应通过市场解决。因此，应充分发挥市场在资源配置中的决定性作用，激发老龄产业市场主体参与养老服务供给的积极性，使老龄产业朝着更注重市场需求、提供更高质量服务的方向发展。

一是以市场为导向，以资本为支撑，实现产业规模化和专业化发展。政府全面开放养老服务市场，通过购买服务、股权合作等方式支持各类市场主体，增加养老服务和产品供给。打造集合老年用品研发、生产、销售、展销和服务于一体的老龄产业园区，形成产业空间积聚体；将金融、服务、产品等不同行业融合在一个平台上为老年人提供全方位服务；建立起以企业为主体、市场为

导向、产学研用紧密结合的技术创新体系，促进科技成果快速转化，形成区域和品牌效应。老龄产业的发展将进一步刺激产业内的分工与合作，产业内部与产业之间的资源整合、相互支撑与促进将更加突出，老龄产业的发展将进一步带动其他相关产业发展，从而促进老龄产业自身不断繁荣。

二是深化以人才为根本、科技为核心的系统创新，提升老龄相关产品和服务的科技研发和创新能力。随着科技的发展，以智能硬件、云平台与大数据为核心的智慧养老将在老龄产业中发挥越来越重要的作用。市场化的老龄服务业应向居家养老、智能化养老、高端养老等形式发展。统筹高等院校、科研院所和企业等创新资源，共同构建产学研相结合的老龄科技创新人才团队和产业科技服务体系。相关企业不断加大对智能产品的研发力度，特别是在远程医疗、健康管理、养老服务信息平台等方面。强化产业人才创新创业激励机制，实施以增加知识价值为导向的分配政策和更加积极的创新人才培养、引进政策，提高创新成果转化收益分享比例。

（二）推动消费升级，打造老龄经济新的增长点

消费升级是数字化时代社会经济发展的主旋律，老龄市场亦是如此。根据《老龄蓝皮书：中国老龄产业发展报告（2021—2022）》，2020年我国老年人口消费潜力估计为43724亿元，占GDP的5.25%，而这一数字在2050年时将会达到406907亿元，占GDP的比重将攀升至12.20%。我国老年人口整体消费结构类型趋向多样化，服务购买等消费支出比重持续上升，消费结构不断优化，尤其是新进入的老年人口更有消费升级的趋势。可以预见的是，老龄产业将成为未来我国经济增长新的增长点。

一是挖掘老龄消费潜力，推动中、高端老龄消费市场发展。随着20世纪60年代出生的人口逐步进入退休阶段，他们的退休收入水平较上一代有所增加，消费意识和消费能力增强，蕴含着较大的消费潜力。企业应加大老龄消费市场调研力度，利用人工智能和大数据技术了解老年人消费需求，提供针对性老龄用品和服务，如特色护理、家庭服务、健身休养、文化娱乐、金融理财等服务项目。通过积极引导老年群体合理消费，老龄消费潜力得到进一步释放，继而推动老龄产业从满足低端需求转向服务中高端需求，老龄用品的市场规模将进一步壮大。

二是充分发挥人工智能、物联网和5G通信等技术优势，创新老龄产业发展模式。随着人工智能技术的兴起和成熟，老年照料、生活辅助和功能代偿产品研发项目越来越多，使为老年人提供智慧养老服务成为现实。比如，护理机器

人通过智能设备有效解决失能老人的护理刚需，利用科技解放人力，缓解沉重的护理负担成为解决方案。未来，老龄企业应加大适老化智能终端产品供给，推广健康管理类可穿戴设备、便携式健康监测设备、自助式健康检测设备、智能养老监护设备、家庭服务机器人等，满足多样化、个性化健康养老需求。优化老年辅助设备器具设计，推动有需求的家庭和养老服务机构普遍配备康复辅助器，为老年人功能退化缺损提供智能科技辅助和代偿，将成为老龄产业发展的重要内容。老龄企业应融合政府和社会力量，积极开展老龄产业创业孵化和双创示范工作，打造创新型老龄产业园区、前沿创新平台、知名老龄企业品牌、优势特色产品和新型服务模式，实现自主创新成果产业化和规模化。

（三）加快适老化改造和信息平台建设，推进智慧养老发展

智慧养老服务的发展不仅促进老龄事业与产业发展紧密结合，而且助力老龄事业和产业发展水平的整体提升。

一是建立互联互通的智慧养老服务平台，链接老龄健康信息与老龄服务供需信息，为政府加强老龄工作统筹协调和提升老龄工作科学决策水平提供信息化支撑。政府主导的居家养老信息化服务平台依托省市一体化政务大数据中心，建立覆盖本辖区内居家老年人的信息库，实现养老服务需求和供给精准对接。出台扶持和优惠政策，支持社区和养老机构智能升级改造，推动智慧养老院和智能化养老社区建设，促进科技养老在社区落地。运用互联网、大数据、云计算等信息技术手段，推进智慧健康养老应用系统集成，推进养老服务创新模式。

二是企业通过加强养老终端设备的适老化设计与开发，利用"云计算＋大数据＋物联网"的技术，通过各种传感器可以把老人的身体状况数据自动统计、记录和分析，实现大数据驱动的健康管理模式，为老年人提供综合化智慧养老服务。智能机器人前端链接政府、社会、市场等服务信息，信息整合端整合老年人、养老服务机构等基本信息，需求终端对接老年人需求，为老人提供健康管理信息化服务。通过社会力量创新养老服务模式，为居家老年人提供紧急呼叫、无线定位、安全监测等便捷服务，提高老龄产业的智能化、信息化和数字化水平。

三、老龄产业发展短板需要政府扶持

习近平总书记对老龄工作做出重要指示，要求高度重视并切实做好老龄工作，贯彻落实积极应对人口老龄化国家战略，把积极老龄观、健康老龄化理念融入经济社会发展全过程。当前，我国老龄产业发展存在顶层设计相对滞后，

标准规范缺失，产业布局失衡，产品与服务供需不匹配等问题。解决老龄产业发展短板问题，需要发挥政府主导作用，加大制度创新、政策供给、财政投入力度，健全完善老龄工作体系；同时，还要激发市场活力，发展出高质量的老龄产业，让老龄事业和老龄产业协同发力。

（一）政府发挥主导作用

从政策制定、城市规划、产业布局等方面高度重视老龄化问题，理清、理顺政府在老龄产业发展中的职责和作用，在老龄产业发展方面做好规划、协调和指导工作。一是政府和相关职能部门加强宏观调控，在老年人卫生资源配置、康养、医养等方面进行优化，引入民间资本和社会力量投资老龄产业，构建与国民经济和社会发展相适应的老年健康服务体系及产业体系。二是充分发挥政府在产业布局方面的主导作用，利用市场主体作用，从供给侧结构性改革方面下功夫，促进生态与康养、文化、旅游、体育、现代农业等产业的深度融合，从根本上解决发展老龄产业的结构性制约。三是建立健全养老社会保障制度，鼓励商业保险进入老龄服务产业，提高保障水平，尤其是要建立完备的农村社会保障体系，助力农村老龄产业发展。四是加大人才政策支持，如鼓励大专院校开设老龄经济、养老服务、家政与社区服务、老年护理学等专业课程，为老龄产业的发展培养高素质专业人才，以及通过发放特殊岗位补贴和社会保险补贴、提高最低收入标准等方式留住养老服务人才等。

（二）政策与产业双轮驱动

老龄产业作为养老服务综合性产业，其产业链较长，急需整合社会生产要素，提高资源配置效率，进而形成强大的用户黏性，助推老龄产业抱团发展。政府以养老政策为主要抓手，统筹协调老龄产业转型发展，进而优化市场化的运营方式。一是完善老年消费市场信息收集和发布机制，创新发布平台和渠道，适时向社会公布相关数据，为老龄产业的发展提供市场相关调研信息服务，为企业决策提供信息支持，助力企业优化其战略布局。二是加强专业队伍建设，培训和引进专、兼职人员，提高服务水平和职业素养，以及通过政策、社会保障体系吸引和鼓励社会力量参与，解决养老服务工作从业人员严重缺失问题。三是采用适宜的方式促进农村养老观念的改变，转变农村老年人的养老意识，支持农村老年人自助互助。四是政府通过出台相关政策，完善信息共享机制，整合社会养老服务的数据资源，构建归集数据平台，以共享的数字资源为链接，实现产业数字化，引导老龄制造业和养老服务行业企业提高其构建规则能力、优化决策能力和细分客户能力，进而实现养老政策与产业双轮驱动，助推老龄产业高质量发展。

（三）供给侧改革推动老龄产业结构转型升级

随着人口老龄化水平的提高，我国老龄产业得到了一定程度的发展，初步形成了社会化的服务体系。尤其是随着政府大力支持私人资本进入养老服务行业，加上社区养老服务的发展，养老服务供给体系也日益完善。随着老年群体收入水平的提高，老年群体的需求逐渐由单一的物质需求向以生活照料、医疗护理和生活慰藉为主的多样化需求转变。然而，受产业碎片化及生产偏好的影响，养老服务企业能够提供的服务较为单一，且同质化现象严重，供需结构性矛盾突出。

老龄产业转型升级发展合理化的本质是提升产业结构的聚合质量，关键是实现产业间的协同，即产业之间有较强的相互转换的能力以及互补关系的和谐运动。产业结构的协同是整个产业作为整体的协同，包括生产、技术、利益和分配等各个方面，主要表现在产业素质的协同、产业间相对地位的协同和产业关联的协同。养老服务企业应从养老服务供给侧结构性改革的角度发力，努力为老年人提供符合其消费需求、方便可及的养老服务。通过创新改变资源组合方式，提高资源利用效率；通过创新提高产业发展的整体效益和效率；通过创新形成以新技术、新产品、新服务等为核心内容的新优势；通过创新实现产业升级、技术升级，实现可持续、高质量发展。老龄产业结构的优化升级能否有效，在很大程度上取决于微观基础能否做出积极的反应。

第四节　数字化背景下老龄事业和产业协同发展的路径

老龄事业和产业协同发展是老龄事业高质量发展的应有之义。老龄事业高质量发展是我国积极应对人口老龄化的重要举措，事关国家发展全局和人民群众福祉。推动老龄事业和产业协同发展，构建可持续老年服务和社会保障体系，有利于提升老年人生命和生活质量，有助于实现健康老龄化，是实现老龄事业高质量发展的重要路径。

一、老龄事业和老龄产业发展系统模型

从系统学的视角来看，老龄事业和老龄产业是老龄事业和产业发展系统中

的两个子系统，这两个子系统既独立运动，又互相关联。当两个子系统之间的关系是合作关系时，两者是正协同关系，会促进总系统的发展；反之，则会产生系统损耗，老龄事业和产业发展均会受到负面影响，导致发展延迟。图 7-1 为老龄事业和产业发展系统的结构与功能。

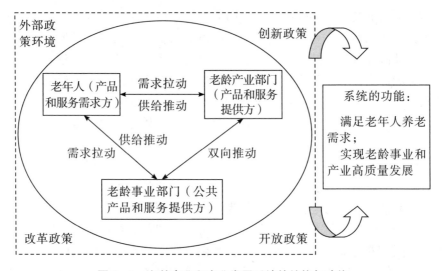

图 7-1　老龄事业和产业发展系统的结构与功能

老年人、老龄事业部门、老龄产业部门、政府部门构成老龄事业和产业发展系统动力机制模型的主要行为主体。老龄事业高质量发展的创新动力，老龄产业创新发展的改革动力，以及老龄事业发展和老龄产业发展之间的推拉作用力，这三种力量共同构成动力机制模型的动力来源，是动力活动和作用行为的载体。

二、老龄事业和老龄产业协调发展体系

以政府指导和激励为协调动力来源，构建老龄事业和产业协调发展体系，如图 7-2 所示。在满足老年人基本生活需要产品和服务的基础领域，政府应干预和引导老龄产业的发展，使老龄产业与老龄事业融合发展。在老龄产业的高端领域，政府则不应过多干预，而是更多地通过市场机制，由市场需求影响市场供给，通过市场充分竞争实现资源的优化配置。将不同部门的老年服务整合到统一的体系中，形成最具效率的结构，以满足老年消费者的各类不同需求，实现服务整合。各服务提供组织之间以服务整合为方向，通过沟通、标准化和配合，形成相应过程的同步化和协作，达到系统整合，最终促进系统发展。

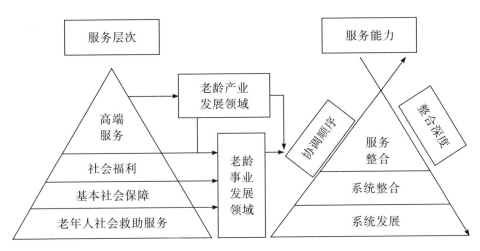

图 7-2 老龄事业和产业协调发展体系

三、老龄事业行为主体支持老龄产业发展的路径

(一) 加强顶层设计，优化老龄产业制度安排

人口老龄化是未来我国人口发展的整体趋势与基本特征。推动老龄事业高质量发展，需要加强老龄事业和产业发展规划顶层设计。一是加强党对老龄工作的全面领导。要深刻认识到积极应对人口老龄化的重大作用，准确把握习近平总书记关于老龄工作的重要指示，集思广益、群策群力，科学研判老龄工作形势和任务。围绕老龄产业发展中战略性、前瞻性、综合性的重大问题加强研究，建立老龄产业统计监测体系，编制老龄产业发展专项规划和中长期发展规划，明确未来一段时期的重点发展领域，引导老龄产业健康有序发展。二是完善多支柱、多层次的养老保障体系，加强农村养老服务体系建设。优化医疗保险制度，健全长期护理保险制度，提高广大老年人特别是农村老年人的社会保障水平，拓宽老年人就业渠道，提升老年人消费能力。三是倡导积极老龄观。在政府部门层面，要将这一理念落实到与老有所为相关的部门规划和工作中，带动全社会认识到老年人是社会的宝贵财富，为老有所为营造良好社会氛围。鼓励老年人继续发挥作用，加强老年人就业服务，促进老年人社会参与。

(二) 调整产业政策供给，精准扶持老龄产业创新发展领域

推动老龄事业高质量发展，加强人口老龄化国情研究，加大政策创新力度，

完善老龄产业政策供给。

一是精准老龄产业扶持政策。加强老龄产业领域产学研用深度融合的研究平台建设，分领域、分种类制定精准专项扶持政策。优化老龄产业区域布局，充分发挥京津冀、长三角、珠三角、粤港澳大湾区城市群的辐射带动作用，推进东、中、西部协同发展。支持各地充分发挥资源优势，打造各具特色的区域老龄产业聚集区。各地制定老龄产业发展规划，促进养老、健康、旅游、健身、文化、休闲、互联网、物业等不同领域深度融合，跨界发展。加快完善老龄产业相关行业标准与规范体系，加大老龄产业相关标准体系研究力度，鼓励、支持地方和相关行业协会制定、出台地方标准与行业标准。推进老龄健康、老龄制造、老龄服务、老龄宜居等相关产业标准试点，规范与统一相关产品与服务标准，加大宣贯力度，加强标准执行的实践与监管力度。

二是金融支持政策。拓宽投融资渠道，统筹各类金融资源支持老龄产业发展。进一步宣传普及老龄金融常识，开发多样化的老龄金融产品，不断优化老龄金融产品的服务流程、服务体验和权益保障，提升国民老龄金融意识和金融素质。同时，加快完成老龄产业金融支持体系的构建工程。尽快建立国家级的专项产业发展基金；鼓励、带动各地建立地方老龄产业发展基金或统筹利用各类产业发展基金支持老龄产业发展；继续做好开发性金融支持老龄产业发展的实践，支持、规范各地用开发性金融资金发展老龄产业；鼓励各类金融机构或企业通过债券、股权、基金等多元方式，扩大老龄产业投融资渠道；鼓励各类社会组织和个人以慈善、捐赠等方式支持企业发展老龄产业。

三是人才支持政策。制定老龄产业人才培养引导性专业目录，加强紧缺人才的培养，特别是需求量较大的公共营养、老年护理、康复治疗、全科医生、中医养生、社会工作等相关专业人才的培养。加大职业教育培训力度，引导企业、学校合作建立老龄产业人才培训机构、实践基地、创业孵化中心等，加强以需求为导向的人才培训。扩大老年护理、公共营养、康复治疗、健康管理等人才供给。优化老龄产业人才职业发展，在职称评审、职业晋升渠道等方面加大改革力度，拓展人才的职业发展空间。

（三）全面融入数字强国战略，提升基本养老服务托底效能

我国高度重视发展数字经济，实施网络强国战略和国家大数据战略，拓展网络经济空间，支持基于互联网的各类创新，推动互联网、大数据、人工智能和实体经济深度融合，建设数字中国、智慧城市，推进数字产业化和产业数字化，打造具有国际竞争力的数字产业集群。数字经济的高速发展，改变了传统

的养老、医疗、健康生活方式，打破了健康服务的空间限制与时间限制，使越来越多的公众享受到技术进步带来的数字红利。随着重度老龄化时代的到来，传统的养老模式将无法满足我国日益增长的养老需求，老龄事业发展急需全面融入数字强国战略，提升基本养老服务托底效能。

全面融入数字强国战略也是老龄事业和产业实现协同发展的重要路径。一是加强数字政府建设，拓展公平普惠的基本养老服务，提高老龄事业发展的平衡性。数字政府推行政务服务事项集成化办理，打造掌上办事服务新模式，提高主动服务、精准服务、协同服务和智慧服务能力，有助于缩小城乡之间、经济发达地区和欠发达地区之间的老龄事业发展差距。二是持续推进智慧城市建设，不断提升为老服务的可及性，提高老龄事业发展的充分性。智慧城市建设的内容之一是城市设施的数字化、智能化改造，中央投资带动地方和社会投资智慧养老项目，不但可以推动投资的稳步增长，而且可以推动城市养老设施布局调整和优化，使老龄事业发展惠及更多家庭。三是同步提升老龄事业和产业发展的数字化水平。随着养老服务受到越来越多的关注和创新要素、数字要素的融入，养老服务的产业形态也在不断变化，新兴业态不断涌现，拓展了数字技术在老龄事业和产业的应用场景。同步推进老龄事业和产业数字化发展，构建政府、企业和社会合理分工、通力合作的数字化养老服务体系，政府持续发挥对基本养老服务的托底作用，养老企业根据市场需求提供特色化、多样化、高端化社会养老服务，进而可实现老龄事业和产业正向协同发展。

（四）加强行业监管，维护老龄产业市场公平

从"十四五"时期开始，我国人口老龄化进入快速上升期。老龄社会将充分释放出对康养服务业、老年产品、科技创新等的巨大需求。但是，老龄社会并不会天然形成强大市场，强大市场的形成尚需市场规则、市场基础设施、要素市场、内外融通等方面的建设和配合。只有加快建立公平公正的市场规则，完善服务各类市场主体的基础设施，扫清要素市场的各种掣肘和壁垒，推动国内国外两个市场互相融通，才能真正在人口老龄化趋势下培育出强大市场，推动人口与经济协调发展。因此，加强行业监管、维护老龄产业市场公平显得尤为重要。

一是完善法律规范、行政监管、行业自律、社会监督相结合的监管模式，形成数据共享、联合执法的工作合力，依法严厉打击侵害老年人合法权益的违法犯罪活动，切实保障广大老年人的利益。二是进一步健全养老服务质量标准、认证体系和社会信用体系建设，构建以信用为基础的新型监管体制，加强质量

监管,防止"劣币驱逐良币"。三是抓住降低成本这个关键,通过更多创新举措降低养老服务业的税费成本、制度性交易成本和要素成本,着力破解多年来困扰养老服务业的"运营难、融资难、盈利难、招人难"等老大难问题。逐步形成政府依法管理、行业组织规范自律、服务实体自主运营的管理新局面。

四、老龄产业行为主体支持老龄事业发展的路径

(一)优化老龄产业结构,加大智慧养老等创新服务供给

在当下及未来很长一段时间内,我国人口老龄化、高龄化趋势会越来越明显。老龄产业的市场前景广阔,国有、民间资本投资热度持续升温,企业营收情况逐渐好转。社会资本在健康养老领域投资热潮不断兴起,金融、地产、保险、互联网等资本不断进入健康养老、老年地产、养老养生、养老旅游等跨界融合的行业。增强老龄产业自主创新能力,促进为老科技成果转化,加快发展智慧养老,以产业创新推进老龄事业和产业协调发展尤为重要。老龄产业结构优化升级和产品质量的不断提升,有利于满足产业投资需求、融合市场力量、提供高端服务,是对老龄事业领域的有力补充。

(二)加快老龄产业数字化转型,促进全社会老龄消费转型升级

随着家庭小型化、少子化等社会结构的变化,以及经济发展水平和居民消费能力的提高,老龄产业对扩内需、促消费的作用进一步显现。老年群体有意愿也有能力对更高质量、更好品质的生活充满美好期待,养老服务业将成为推动整个服务业高质量发展的领军产业。

推动老龄产业数字化转型,一是要做强老龄产业科技支撑,提高老龄产业科技化、信息化、数字化水平。在智能制造领域,积极发展康复辅助器具技术、智能照护机器人技术、生物工程技术、新型材料技术等,积极推动老龄产品研发制造纳入制造强国发展战略。在智慧养老服务领域,将传统服务系统升级为数字化养老服务系统,通过物联网、大数据实现养老服务的高效管理,通过数字化转型实现可持续发展。二是加大对老龄产品、用品和服务的技术研发投入和人才支持。人工智能、大数据等数字技术在老龄产业的应用,可以帮助养老服务供需精准对接,有利于充分发挥科技创新对老龄服务供需双方的支撑作用。引导更多资本、人才进入老龄产业,增加老龄产业创新动力和创新活力,可以延长老龄产业的产业链和价值链,进而推动老龄产业高质量发展。三是确保老

龄服务针对性供给,助力消除老年人的"数字鸿沟"。老年人在现代信息技术领域存在天然弱势,难以像年轻人一样快速享受到"互联网+养老"服务带来的便捷性。要消弭老年人的"数字鸿沟",使老年人从智慧养老服务中获益,就必须加强老龄服务的适老化设计,保证其可使用性。

(三)引导老龄产业面向农村地区需求,协同推进老龄事业高质量发展

城乡发展不平衡是我国老龄事业和产业区域发展不平衡的重要表现。与城市相比,农村的老龄事业和产业发展水平相对落后,尤其是在老龄产业发展领域,农村的市场规模远低于城市。受农村居民收入、受教育程度、信息化意识等影响,智能化老龄产品和用品在农村的普及率和使用率较低;农村养老机构的基础设施、服务质量不及预期,限制了农村居民对养老机构的期待,降低了农村居民入住养老机构的意愿。随着新型城镇化建设的加快,农村数字基础设施建设的提速,信息化、智能化老龄产品在农村的普及率有望提升。通过政府引导老龄产业发展下沉到农村基层社区,既可以使老龄产业面向广阔的农村市场进而扩大产业规模,也有利于满足农村老年人在老龄事业发展领域未被覆盖到的需求。

参考文献

[1] ANDERBERG P, BARNESTEIN-FONSECA P, GUZMAN-PARRA J, et al. The effects of the digital platform support monitoring and reminder technology for mild dementia (SMART4MD) for people with mild cognitive impairment and their informal carers: protocol for a pilot randomized controlled trial [J]. Journal of Medical Internet Research Protocols, 2019, 8 (6): e13711.

[2] ANSELIN L. Local indicators of spatial association-LISA [J]. Geographical Analysis, 1995, 27 (2): 93–115.

[3] ANSELI L. Spatial dependence and spatial structural instability in applied regression analysis [J]. Journal of Regional Science, 1990, 30 (2): 185–207.

[4] BAKUMENKO L P, Minina E A. International index of digital economy and society (I-DESI): trends in the development of digital technologies [J]. Statistics and Economics, 2020, 17 (2): 40–54.

[5] BARON R M, KENNY D A. The moderator-mediator variable distinction in social psychological research: conceptual, strategic, and statistical considerations [J]. Journal of Personality and Social Psychology, 1986, 51 (6): 1173–1182.

[6] BONACCORSI M, FIORINI L, CAVALLO F, et al. A cloud robotics solution to improve social assistive robots for active and healthy aging [J]. International Journal of Social Robotics, 2016, 8 (3): 393–408.

[7] CHEN X, LIU B. An empirical study on digital economy promoting coordinated regional development based on China's provincial panel data from 2013 to 2019 [J]. Review of Economic Research, 2022 (4): 20.

[8] CHEN Y, MIAO Q, ZHOU Q. Spatiotemporal differentiation and driving force analysis of the high-quality development of urban agglomerations along the Yellow

River Basin [J]. International Journal of Environmental Research and Public Health, 2022, 19 (4): 1-21.

[9] CIARLI T, KENNEY M, MASSINI S, et al. Digital technologies, innovation, and skills: emerging trajectories and challenges [J]. Research Policy, 2021, 50 (7): 104289.

[10] CLEMONS E K, ROW M C. Information technology and industrial cooperation: the changing economics of coordination and ownership [J]. Journal of Management Information Systems, 1992, 9 (2): 9-28.

[11] DBCDE. Advancing Australia as a digital economy: an update to the national digital economy strategy[EB/OL]. (2013-10-02)[2018-05-10]. http://apo.org.au/node/34523.

[12] DING L, SHAO Z, ZHANG H, et al. Comprehensive evaluation of urban sustainable development in China based on the TOPSIS-Entropy method [J]. Sustainability, 2016, 8 (8): 746.

[13] DOLLAR D, HUANG Y, YAO Y. China 2049: economic challenges of a rising global power [M]. Washington: Brookings Institution Press, 2020.

[14] European Commission. The digital economy and society index (DESI) [EB/OL]. (2021-11-12)[2022-04-16]. http://digital-strategy.ec.europa.eu/en/policies/desi.

[15] ELLISON D, GLAESER E L, KERR W R. What causes industry agglomeration? evidence from co-agglomeration patterns [J]. American Economic Review, 2010, 100 (3): 1195-1213.

[16] HE T, HUANG C, Li M, et al. Social participation of the elderly in China: the roles of conventional media, digital access and social media engagement [J]. Telematics and Informatics, 2020, 48: 101347.

[17] HONG Y, LIU W, SONG H. Spatial econometric analysis of effect of new economic momentum on China's high-quality development [J]. Research in International Business and Finance, 2022, 61 (3): 101621.

[18] IMF. Measuring the digital economy [M]. Washington, D. C.: International Monetary Fund, 2018.

[19] JENKS G F. The data model concept in statistical mapping [J]. International Yearbook of Cartography, 1967 (7): 186-190.

[20] KLING R, LAMB R. IT and organizational change in digital economies: a

socio-technical approach [J]. ACM SIGCAS Computers and Society, 1999, 29 (3): 17-25.

[21] LEWAGE J, PACE R. Introduction to spatial econometrics [M]. New York: Chapman and Hall Press, 2009.

[22] LI L, ZHU W, WEI L, et al. How can digital collaboration capability boost service innovation? evidence from the information technology industry [J]. Technological Forecasting and Social Change, 2022 (182): 121830.

[23] LIU L, WU F, TONG H, et al. The digital divide and active aging in China [J]. International Journal of Environmental Research and Public Health, 2021, 18 (23): 1-14.

[24] MARGHERIO L, et al. The emerging digital economy [EB/OL]. (1997-11-02) [2018-11-13]. http://govinfo.library.nut.deu/ecommerce/EDereprt.pdf.Washington,DC.

[25] MOULTON B R. GDP and the digital economy: keeping up with the changes [M] //BRYNIOLFSSON E, KAHIN B. Understanding the digital economy: data, tools, and research. Cambridge: The MIT Press, 2000: 34-48.

[26] NDUBUISI G, OTIOMA C, TETTEH G K. Digital infrastructure and employment in services: evidence from Sub-Saharan African countries [J]. Telecommunications Policy, 2021, 45 (8): 102153.

[27] NORGAARD R B. Coevolutionary development potential [J]. Land Economics, 1984, 60 (2): 160-173.

[28] NORGAARD R B. Environmental economics: an evolutionary critique and a plea for pluralism [J]. Journal of Environmental Economics and Management, 1985, 12 (4): 382-394.

[29] OECD. Measuring the digital economy: a new perspective [M]. Pairs: OECD Publishing, 2014: 160.

[30] PENG R, HUANG J, DENG X, et al. Spatial differentiation and driving factors of the high-quality development of undertakings for the aged of China [J]. International Journal for Equity in Health, 2023, 22 (1): 104.

[31] PEREZ A J, SIDDIQUI F, ZEADALLY S, et al. A review of IoT systems to enable independence for the elderly and disabled individuals [J]. Internet of Things, 2023, 21: 100653.

[32] REID L, SISEL G. Digital care at home: exploring the role of smart consumer

devices [J]. Health & Place, 2023, 80: 102961.

[33] SAMEEN M I, SARKAR R, PRADHAN B, et al. Landslide spatial modelling using unsupervised factor optimisation and regularised greedy forests [J]. Computers & Geosciences, 2020, 134: 104336.

[34] SAUNDERS A, BRYNJOLFSSON E. Wired for innovation: how information technology is reshaping the economy [M]. Cambridge: The MIT Press, 2009.

[35] SHEN W, XIA W, LI S. Dynamic coupling trajectory and spatial-temporal characteristics of high-quality economic development and the digital economy [J]. Sustainability, 2022, 14 (8): 4543.

[36] TOBLER W R. A computer movie simulating urban growth in the Detroit region [J]. Economic Geography, 1970, 46: 234 – 240.

[37] TORTA E, OBERZAUCHER J, WERNER F, et al. Attitudes towards socially assistive robots in intelligent homes: results from laboratory studies and field trials [J]. Journal of Human-Robot Interaction, 2013, 1 (2): 76 – 79.

[38] TOUATI F, TABISH R. U-healthcare system: state-of-the-art review and challenges [J]. Journal of Medical Systems, 2013, 37 (3).

[39] TURCAN V, GRIBINCEA A, Birca I. Digital economy—a premise for economic development in the 20th century [J]. Economy and Sociology: Theoretical and Scientific Journal, 2014 (2): 109 – 115.

[40] WANG M, WANG S, YANG H. Exploring the spatial-temporal distribution and evolution of population aging and social-economic indicators in China [J]. BMC Public Health, 2021, 21: 966.

[41] WOODS O, SHEE S Y. The digital void of voluntourism: here, there and new currencies of care [J]. Geoforum, 2021, 124: 46 – 53.

[42] ZEMTSOV S, KOTSEMIR M. An assessment of regional innovation system efficiency in Russia: the application of the DEA approach [J]. Scientometrics, 2019, 120 (2): 375 – 404.

[43] ZHANG J, YANG M, Ge Y, et al. The role of digital health for post-surgery care of older patients with hip fracture: a scoping review [J]. International Journal of Medical Informatics, 2022, 160: 104709.

[44] 安淑新. 促进经济高质量发展的路径研究: 一个文献综述 [J]. 当代经济管理, 2018, 40 (9): 11 – 17.

[45] 钞小静, 刘亚颖. 新型数字基础设施建设与中国经济高质量发展: 基于

"条件—过程—结果"协同联动的视角[J]. 贵州财经大学学报, 2023 (4): 1-11.

[46] 陈梦根, 张鑫. 中国数字经济规模测度与生产率分析[J]. 数量经济技术经济研究, 2022, 39 (1): 3-27.

[47] 陈茉. 新中国 70 年养老制度的成就与发展[J]. 学习与探索, 2019 (10): 38-43.

[48] 陈廷, 刘建兵. 打造医养结合的"互联网+养老"平台[J]. 中国信息界, 2018 (1): 66-69.

[49] 陈文锋, 刘薇. 区域战略性新兴产业发展质量评价指标体系的构建[J]. 统计与决策, 2016 (2): 5.

[50] 陈旭峰, 钱民辉. 中国老龄事业发展研究: 回顾与展望[J]. 东南学术, 2011 (3): 158-165.

[51] 陈永海. 基于民政大数据的智慧居家养老服务平台的构建研究[J]. 电脑知识与技术, 2021, 17 (15): 30-31, 47.

[52] 陈泽鹏. 我国老龄事业发展成就与对策的研究综述[J]. 当代经济, 2018 (2): 4-5.

[53] 程恩富, 王中保. 论马克思主义与可持续发展[J]. 马克思主义研究, 2008 (12): 51-58.

[54] 党俊武, 王莉莉. 中国老龄产业发展及指标体系研究[M]. 北京: 社会科学文献出版社, 2022.

[55] 邓伟志. 社会学辞典[M]. 上海: 上海辞书出版社, 2009.

[56] 杜鹏, 任兰兰, 杨慧. 北京市老龄事业发展指标体系研究[M]//北京市社会科学界联合会. 科学发展: 文化软实力与民族复兴. 北京: 北京师范大学出版社, 2009.

[57] 范中原, 王松岭. 我国各省市老龄事业发展现状的比较研究[J]. 当代经济管理, 2012, 34 (11): 44-48.

[58] 方俊. 试析制约老龄事业健康发展的三重因素: 以广州荔湾区为例[J]. 中共宁波市委党校学报, 2016, 38 (4): 118-123.

[59] 高学莉, 陈海荣, 刘溢思. 我国居家养老政策现状、问题及建议[J]. 卫生软科学, 2021, 35 (8): 7-13.

[60] 巩晓冬. 基于智慧化服务的居家养老平台研究[J]. 智能建筑与智慧城市, 2019 (4): 16-19.

[61] 顾国爱, 江贻送, 田大洲. 我国老龄事业发展的经济效应分析[J]. 中

国人力资源开发，2011（10）：94-97.

[62] 郭春丽，王蕴，易信，等. 正确认识和有效推动高质量发展［J］. 宏观经济管理，2018（4）：18-25.

[63] 郭骅，屈芳. 智慧养老平台的辨析与构建［J］. 贵州社会科学，2017（12）：125-132.

[64] 国家应对人口老龄化战略研究老龄事业发展指标体系研究课题组. 老龄事业发展指标体系研究［M］. 北京：华龄出版社，2014.

[65] 郝立新. 中国特色社会主义实践的战略布局和发展理念［J］. 中国特色社会主义研究，2015（6）：5-9.

[66] 郝丽，张伟健. 基于大数据的"医疗—养老—保险"一体化智慧社区养老模式构建［J］. 中国老年学杂志，2017（1）：226-228.

[67] 胡鞍钢. 十八大以来习近平治国理政的新成就［J］. 人民论坛，2016（33）：12-17.

[68] 胡敏. 变压力为动力加快推动经济高质量发展［N］. 学习时报，2018-12-24（001）.

[69] 黄勃，李海彤，刘俊岐，等. 数字技术创新与中国企业高质量发展：来自企业数字专利的证据［J］. 经济研究，2023，58（3）：97-115.

[70] 黄欢欢，周科嘉，曹松梅，等. 基于混合感知模型的智慧养老平台的建立与应用［J］. 中华护理杂志，2021，56（3）：421-426.

[71] 黄顺春，陈洪飞. 黔滇桂青民族地区经济增长与经济高质量发展协同度分析［J］. 贵州民族研究，2021，42（2）：135-143.

[72] 黄阳珍. 家庭养老床位发展的挑战与对策探析：基于南京的个案研究［J］. 老龄科学研究，2022，10（12）：50-62.

[73] 江树革. 中国低保制度的变迁发展和模式塑造：21世纪以来中国城乡低保制度的社会变迁［J］. 社会保障研究，2013（6）：71-79.

[74] 季林红. 中国康复辅具产业的现代化［J］. 残疾人研究，2021（2）：93-94.

[75] 姜樊. 中国老龄科研中心副主任党俊武：老龄产业"黄金时代"，老龄金融产业是压舱石［N］. 新京报，2022-10-23（001）.

[76] 金碚. 关于"高质量发展"的经济学研究［J］. 中国工业经济，2018（4）：5-18.

[77] 金岭. 上海老龄事业发展的现状与特点［J］. 知识经济，2010（1）：64-65.

[78] 金心宇，夏琦，等. "医养智慧联动"的养老模式研究与探索［J］. 中国工程科学，2018（2）：92-98.

[79] 荆爱珍,侯雨,等. 基于大数据技术的医养结合养老模式研究[J]. 湖北科技学院学报,2016(10):19-26.

[80] 孔令卫,赵琛徽. 供给侧改革背景下社会养老服务需求分析与优化对策研究[J]. 老龄科学研究,2019,7(9):19-30.

[81] 李炳炎. 以科学发展观统领经济发展方式的转变[J]. 周口师范学院学报,2011,28(1):1-6.

[82] 李芳. 供给侧视角下养老服务业发展的着力点[J]. 管理世界,2018(6):177-178.

[83] 李鸿忠. 五大发展理念是马克思主义发展观的重大创新[N]. 光明日报,2015-12-03(001).

[84] 李璐,赵玉峰,纪竞垚. 人口老龄化背景下的老龄事业和产业协同发展研究[J]. 宏观经济研究,2020(10):103-113.

[85] 李倩,梁立君. 智慧居家养老破解养老难题[J]. 人民论坛,2017,(26):80-81.

[86] 李卫平,米明. "互联网+"居家养老平台的设计[J]. 电脑知识与技术,2020,16(19):22-25.

[87] 李燕,伍梦. 老龄产业供给侧改革的政策演进路径研究:基于福利多元主义理论视角[J]. 老龄科学研究,2018,6(2):72-80.

[88] 李志宏. "十四五"时期积极应对人口老龄化的形势及国家战略对策[J]. 老龄科学研究,2020,8(8):3-21.

[89] 李志宏. 智慧养老要由"云端"落到"地上"[N]. 中国社会报,2020-07-23(004).

[90] 连俊华,李富强. 城市群高质量发展的路径探究:基于区域协同创新的分析[J]. 价格理论与实践,2021(5):20-23.

[91] 刘建军,王亚茹,徐威. 智慧养老平台服务设计研究综述[J]. 设计,2022,35(21):114-116.

[92] 刘建明,牟琳. 老年旅游发展面临的问题及标准化对策[N]. 中国旅游报,2022-11-04(004).

[93] 刘军,杨渊鋆,张三峰. 中国数字经济测度与驱动因素研究[J]. 上海经济研究,2020(6):81-96.

[94] 刘玲. 基于地域优势发展大连特色老年产业[J]. 中国集体经济,2017(12):127-128.

[95] 刘世锦. 寻求经济发展与资源环境约束的平衡[J]. 人民论坛,2010

(17): 32-33.

[96] 罗序斌. 中部地区经济发展质量评价 [J]. 当代经济, 2009 (13): 82-83.

[97] 吕越, 陈泳昌, 张昊天, 等. 电商平台与制造业企业创新: 兼论数字经济和实体经济深度融合的创新驱动路径 [J]. 经济研究, 2023, 58 (8): 174-190.

[98] 聂永有, 姚清宇, 周子博. 产业协同集聚与长三角地区经济高质量发展 [J]. 华东经济管理, 2022, 36 (10): 16-30.

[99] 闵路路, 许正中. 数字经济、创新绩效与经济高质量发展: 基于中国城市的经验证据 [J]. 统计与决策, 2022, 38 (3): 11-15.

[100] 牛凤瑞: 老龄产业和老龄事业双轮驱动 [J]. 人民论坛, 2014 (36): 33.

[101] 牛文元. 2015 世界可持续发展年度报告 [M]. 北京: 科学出版社, 2015.

[102] 牛文元. 可持续发展导论 [M]. 北京: 科学出版社, 1997.

[103] 潘建成. 美好生活与不平衡不充分如何监测 [J]. 中国统计, 2018 (5): 4-6.

[104] 彭荣. 我国长期护理保险制度试点成效评估与推进机制研究 [M]. 北京: 经济科学出版社, 2022.

[105] 秦建群, 赵晶晶, 刘超. 数字经济与制造业高质量发展: 基于政府创新偏好调节效应的研究 [J]. 西南民族大学学报(人文社会科学版), 2022, 43 (10): 104-115.

[106] 屈芳, 郭骅. "物联网+大数据"视阈下的智慧养老模式研究 [J]. 信息资源管理学报, 2017, 7 (4): 51-57.

[107] 曲嘉瑶. 老龄宜居产业迎来快速发展机遇期 [J]. 中国社会工作, 2022 (14): 17-18.

[108] 任保平, 文丰安. 新时代中国高质量发展的判断标准、决定因素与实现途径 [J]. 改革, 2018 (4): 5-16.

[109] 任保平. 新时代中国经济从高速增长转向高质量发展: 理论阐释与实践取向 [J]. 学术月刊, 2018, 50 (3): 66-74, 86.

[110] 任兰兰. 中国老龄事业发展指标体系研究 [M]. 北京: 知识产权出版社, 2017.

[111] 邵汉华, 刘克冲. 实体经济与要素投入协同发展的时空差异及效应研究: 高质量发展视角 [J]. 科技进步与对策, 2020, 37 (12): 36-45.

[112] 盛朝迅. 理解高质量发展的五个维度 [J]. 领导科学, 2018 (15): 21.

[113] 盛见. 养老服务业数字化转型: 经济学逻辑与优化路径 [J]. 宁夏社会

科学, 2021 (6): 123-129.

[114] 师博, 任保平. 中国省际经济高质量发展的测度与分析 [J]. 经济问题, 2018 (4): 1-6.

[115] 宋东明. 我国老龄产业现状与问题分析 [J]. 理论界, 2017 (8): 89-94.

[116] 宋洋. 数字经济、技术创新与经济高质量发展: 基于省级面板数据 [J]. 贵州社会科学, 2020 (12): 105-112.

[117] 睢党臣, 曹献雨. 人工智能养老的内涵、现状与实现路径 [J]. 新疆师范大学学报 (哲学社会科学版), 2019 (2): 45-53.

[118] 孙小琳. 人口老龄化背景下居家养老服务发展面临的困境及对策分析 [J]. 劳动保障世界, 2019 (23): 26-27.

[119] 唐婷. 智慧养老平台大数据技术应用问题分析及优化建议 [J]. 信息技术与标准化, 2023 (4): 84-88.

[120] 唐要家, 王钰, 唐春晖. 数字经济、市场结构与创新绩效 [J]. 中国工业经济, 2022 (10): 62-80.

[121] 田香兰. 养老事业与养老产业的比较研究: 以日本养老事业与养老产业为例 [J]. 天津大学学报 (社会科学版), 2010, 12 (1): 29-35.

[122] 同春芬, 汪连杰. 中国居家养老服务运营模式的现状与对策 [J]. 社会福利 (理论版), 2016 (3): 22-25, 44.

[123] 万立军, 王琳, 刘宗波. 国内外智慧养老平台现状 [J]. 中国老年学杂志, 2020, 40 (5): 1087-1091.

[124] 汪静, 王希. 赋能与智治: 数字经济背景下智慧养老服务的实践发展: 基于扎根理论的分析 [J]. 老龄科学研究, 2021, 9 (11): 1-13.

[125] 王丽婷, 唐浪娟, 岳丽春, 等. 护士从事互联网居家护理服务工作体验的研究 [J]. 中华护理杂志, 2020, 55 (7): 1067-1071.

[126] 王莉莉, 何亚楠. 老龄服务产业发展及其指标体系研究 [J]. 老龄科学研究, 2020, 8 (12): 14-32.

[127] 王莉莉. "十四五"我国老龄产业发展趋势、问题与对策建议 [J]. 中国社会工作, 2022 (5): 28-30.

[128] 王梅, 李清晨. 从供给侧发力推动河北省养老服务业高质量发展 [J]. 中外企业家, 2018 (5): 198-199.

[129] 王永梅, 武佳, 纪竞垚. 我国家庭养老床位发展现状与城市居民需求特征 [J]. 社会建设, 2023, 10 (2): 68-82.

[130] 卫兴华, 侯为民. 新中国60年经济发展的历史经验及其启示 [J]. 思

想理论教育导刊，2009（10）：16-22.

[131] 魏博通，王圣云. 中部六省经济发展质量的综合评价与比较分析［J］. 湖北社会科学，2012（12）：52-55.

[132] 魏丽莉，侯宇琦. 数字经济对中国城市绿色发展的影响作用研究［J］. 数量经济技术经济研究，2022，39（8）：60-79.

[133] 乌丹星. 养老服务三大新趋势［J］. 家庭服务，2015（2）：35-36.

[134] 邬沧萍. 为构建和谐的老龄社会打好基础［N］. 光明日报，2012-10-31（012）.

[135] 吴玉韶，赵新阳. 推动新时代老龄工作高质量发展的纲领性文件：《中共中央国务院关于加强新时代老龄工作的意见》解读［J］. 行政管理改革，2022（4）：9-14.

[136] 吴玉韶. 从老龄政策看产业发展新趋势［J］. 中国社会工作，2020（2）：22-25.

[137] 夏杰长，王鹏飞. 数字经济赋能公共服务高质量发展的作用机制与重点方向［J］. 江西社会科学，2021，41（10）：38-47.

[138] 徐清源，单志广，马潮江. 国内外数字经济测度指标体系研究综述［J］. 调研世界，2018（11）：52-58.

[139] 薛蒉. 上海人口老龄化现状下的老龄事业发展研究［D］. 长春：吉林大学，2014.

[140] 闫义夫. "政策试点"：中国共产党治国理政的重要方式［J］. 社会科学家，2017（10）：72-76.

[141] 杨翠迎. 中国医养结合实践的理性思考：非均衡性与未来发展［J］. 社会保障评论，2023，7（5）：68-85.

[142] 杨文溥. 数字经济促进高质量发展：生产效率提升与消费扩容［J］. 上海财经大学学报，2022，24（1）：48-60.

[143] 杨晓奇. 我国老龄事业发展面临的问题及建议［J］. 社会福利（理论版），2021（8）：3-9.

[144] 杨晓奇. "十四五"时期我国老龄产业发展趋势及思路［J］. 兰州学刊，2022（10）：142-151.

[145] 杨晓奇. 我国老龄产业政策的现状、问题及其完善建议［J］. 老龄科学研究，2022，10（8）：1-13.

[146] 姚升保. 湖北省经济发展质量的测度与分析［J］. 统计与决策，2015（21）：147-149.

[147] 殷俊, 杨政怡. 老龄产业与老龄事业协调发展路径研究 [J]. 求索, 2015 (6): 48-53.

[148] 殷俊. 大数据背景下我国地方政府社会管理创新研究 [D]. 长沙: 湖南大学, 2015.

[149] 殷醒民. 高质量发展指标体系的五个维度 [N]. 文汇报, 2018-02-06 (012).

[150] 尹超. 我国老年人权益法律保障研究 [D]. 青岛: 青岛大学, 2019.

[151] 尹艳红. 数字治理助力养老服务的困境与策略 [J]. 行政管理改革, 2023 (6): 44-54.

[152] 于潇, 孙悦. "互联网+养老": 新时期养老服务模式创新发展研究 [J]. 人口学刊, 2017, 39 (1): 58-66.

[153] 余博, 潘爱民. 数字经济、人才流动与长三角地区高质量发展 [J]. 自然资源学报, 2022, 37 (6): 1481-1493.

[154] 张飞霞. 我国智慧居家养老面临的困境及对策 [J]. 财会研究, 2020 (4): 71-73.

[155] 张红. 长江经济带经济发展质量测度研究 [J]. 上海金融, 2015 (12): 52-55.

[156] 张建辉, 毛丽平. 大数据智慧养老平台的设计开发实现 [J]. 科技传播, 2022, 14 (21): 131-134.

[157] 张腾, 蒋伏心, 韦朕韬. 数字经济能否成为促进我国经济高质量发展的新动能? [J]. 经济问题探索, 2021 (1): 25-39.

[158] 张雪玲, 焦月霞. 中国数字经济发展指数及其应用初探 [J]. 浙江社会科学, 2017 (4): 32-40.

[159] 张宇. 深刻领会科学发展观中体现的哲学思想 [J]. 前沿, 2012 (13): 13-14.

[160] 张占斌. 以习近平新时代中国特色社会主义思想为指引加快推动中国经济高质量发展: 2018年"两会"精神解析 [J]. 领导科学论坛, 2018 (14): 46-60.

[161] 赵昌文. 推动我国经济实现高质量发展 [N]. 学习时报, 2017-12-25 (001).

[162] 赵东喜, 刘义圣, 许彩玲. 中国发展观的演替、传承特点及其对发展中国家的借鉴 [J]. 经济问题, 2021 (5): 1-8.

[163] 赵涛, 张智, 梁上坤. 数字经济、创业活跃度与高质量发展: 来自中国

城市的经验证据［J］. 管理世界, 2020, 36（10）: 65-76.

[164] 赵晓芳. 健康老龄化背景下"医养结合"养老服务模式研究［J］. 兰州学刊, 2014（9）: 129-136.

[165] 郑燕. 简述新形势下智慧养老对老龄产业的推动作用［J］. 就业与保障, 2020（24）: 181-182.

[166] 郑志刚, 陆杰华. 中国语境下老龄事业和老龄产业相关概念的关系界定［J］. 老龄科学研究, 2017, 5（1）: 57-65.

[167] 钟文, 郑明贵, 钟昌标. 数字经济、创新力培育与经济高质量发展［J］. 软科学, 2023, 37（7）: 25-31.

[168] 钟韵, 秦嫣然. 高质量发展视角下产业协同集聚研究进展［J］. 人文地理, 2023, 38（4）: 1-8, 120.

[169] 周列平, 李淼焱, 徐艳兰. 老龄产业融资支持体系构建的国际经验及启示［J］. 财会月刊, 2021（17）: 138-144.

[170] 周燕珉, 秦岭. 居家适老化改造: 由"试点探索期"进入"广泛实践期"［J］. 中国社会工作, 2020（29）: 28.

[171] 朱启贵. 可持续发展评估［M］. 上海: 上海财经大学出版社, 1999.

[172] 朱月兰, 林枫, 闫国华, 等. 基于可穿戴计算的智慧养老移动服务平台的设计与挑战［J］. 软件工程师, 2015, 18（2）: 47-49.

[173] 张宇, 张晨, 蔡万焕. 中国经济模式的政治经济学分析［J］. 中国社会科学, 2011（3）: 69-84, 221.

[174] 曾通刚, 赵媛. 中国老龄事业发展水平时空演化及其与经济发展水平的空间匹配［J］. 地理研究, 2019, 38（6）: 1497-1511.